7日間で若返る！
顔筋老けグセリセット

一般社団法人
face grow method協会 代表理事
佐藤加奈子

KADOKAWA

はじめに

はじめまして。表情筋のクセ抜きトレーニングを基本とした「face grow method」を考案した佐藤加奈子と申します。

かつて、私は化粧品だけでは改善できないシワに悩んでいました。「変なところにシワが入るから」と笑顔に自信が持てない自分が嫌で、いろいろと調べているうちに老化だけではなく「表情筋」の動かし方に原因があるかもしれないと思い、実際に表情筋トレーニングを学ぶことに。その延長で表情筋トレーニングの講師として活動するようになったのです。

しかし、何百人という生徒さんを指導していくなかで、

- **変化する途中で理想としない顔になってしまう場合がある**
- **変化するまで遠回りになっている**
- **輪郭が望まない方向に変わってしまう**
- **頬が大きく硬くなりすぎてしまう**

といった問題に、自分自身も含め、しばしば直面するようになりました。

もっと早く、シワを減らし、リフトアップも叶い、女性らしくやわらかな表情を手に入れられる表情筋トレーニングはないだろうか――。

そんな想いから、私独自のアプローチを研究しはじめたのが「face grow method」開発の原点です。

研究を重ねるうちに、表情筋を鍛える前に、まずは「表情のクセ」を抜くことで変化が早まることがわかりました。それから、無理をせず脱力を基本とするトレーニングをメインに考えるようになっていったのです。

そして、より多くの方が本来の美しさと自信を手に入れてほしい、顔だけでなく心のクセまでも取ってあげたいという想いのもと、「face grow method協会」を立ち上げるに至りました。

もっと多くの人に、悩みを解消して心からの笑顔になってほしい。

自分の人生もこのメソッドで変わったように、ほかの方にも変化をもたらしたい。

そんな想いをこの本に込めました。ぜひ、クセ抜きトレーニングを日々の習慣にして、自分史上最高の笑顔を手に入れてください。

一般社団法人
face grow method協会 代表理事
佐藤加奈子

表情グセを抜くってどういうこと？

BEFORE

力みすぎて
余計なシワが
入り老け見え

AFTER

42歳、
3児の母の
今のほうが
若見え！

みなさんは、笑ったときに自分の顔のどこにシワが入るか知っていますか？ 誰かに撮ってもらった写真を見て、「私ってこんな顔で笑ってるの!?」と驚いたことがある方も多いのではないでしょうか。

誰にでも「表情グセ」というものがあります。口元に力が入りやすい人は口の横にドレープ（たるみ）ができやすかったり、歯並びに自信がない人は歯を隠そうとして不自然な笑顔になってしまったりします。

表情グセは無意識のうちに偏った筋肉の使い方をしている「習慣」によるものなので、意識しないと直すことができません。たとえボツリヌス療法などの美容医療で一時的にシワを改善することができても、習慣が変わらなければまた元通りになってしまうでしょう。

そして、そのまま表情グセを放っておくと、ほうれい線やおでこのシワとなって刻まれてしまいます。

表情グセを抜くメリット

1 表情筋を正しく使えるようになる

表情グセがある状態だと、無意識に一部の筋肉が使われすぎたり、逆に使われないことも。表情グセを抜くことで、顔全体の筋肉が均等に使えるようになり、トレーニングの効果が均一に表れやすくなります。

2 リラックスした筋肉は変化しやすい

緊張している筋肉は硬くなり、血流やリンパの流れが滞っています。この状態でトレーニングをしても筋肉は効率的に動きません。表情グセを抜き、筋肉をリラックスさせることで、より柔軟で動きやすい状態になりトレーニングの効果が高まります。

3 余分な力みを避けられる

表情グセがあると、不必要な力が他の筋肉に加わるため、かえってシワが深くなったり、顔のバランスが崩れたりすることがあります。表情グセを改善したあとでトレーニングを行えば、余分な力みが入るのを避けられます。

4 結果が見えやすい

筋肉の偏りが解消されると顔全体のバランスが整うため、トレーニングの結果が早く表れるように。これにより、モチベーションも維持しやすくなります。

今ある表情グセは、未来の老けグセなのです。

以前の私は、笑ったときに変なシワが入るのは表情筋が衰えているからだと思い、せっせとトレーニングをして表情筋を鍛えていました。すると、なぜか笑うと顔の凹凸が目立つようになり、ゴツゴツした男性っぽい印象に。

また、表情グセを引きずったまま鍛えすぎてしまうと、逆にシワを作ってしまうのです。

そこで、シワなどの老け見えを防ぐためには、**まず表情グセを抜くことが大事なんだと気づきました。**ですから、私のface grow methodでは、表情筋のクセを抜くことを重視しています。

一般的な表情筋トレーニングが筋肉を鍛えることに焦点を当てるのに対して、まず無意識に生じている表情のクセや余分な力みを取り除くトレーニングから始めます。

理想の笑顔を目指して face grow methodを実践

本書では、効率よく老けグセをリセットするために、
3つのステップでトレーニングをしていきます。
表情筋はただ動かせばいいわけではなく、
適切な手順と方法でトレーニングすることがとても大切。
ゆるめるところはゆるめ、顔のバランスを見ながらほどよく鍛えていくことで、
メリハリのある女性らしさを残した笑顔を目指していきましょう。

自分の顔と向き合って、
どんな表情グセがあるのか
確認してください

STEP 1

7 DAYS STANDARD TRAINING

習慣になっている表情グセを抜く

長年続けてきた笑顔や笑い方を変えることは、習慣を変えるようなもの。クセを抜くことは鍛えることよりも難しいです。2章では、7日間のトレーニングで表情グセをしっかり抜いていきます。1日何セットという目安は提示しますが､鏡を見て表情のクセが強いと思ったら回数を増やすなど調整してください。

STEP 2

LEVEL UP TRAINING

お悩みが深い部分を重点的にトレーニング

一人ひとり骨格も違いますし、お悩みも違います。理想の顔をデザインするために、使う表情筋を意識しながらピンポイントで鍛えていきましょう。3章では、パーツごとの表情筋トレーニングを行っていきます。ただし、鍛えすぎると逆効果になってしまうこともありますので、鏡を見ながらバランスよくトレーニングしてください。

STEP 3

LOW INTENSITY TRAINING

ゆるっとトレーニングで筋肉をキープする

ここまできたら、あえてトレーニングの強度を下げていきます。4章では、表情筋を積極的に鍛えるのではなく、キープするためのトレーニングをご紹介。また、番外編として、写真を撮る機会が多い方のために一瞬で最高の笑顔を作るコツも伝授します。

表情グセを改善すると 心のクセまでもやわらぐ

心と表情は密接に結びついています。日々、何気なく続けている表情のクセは、実はストレスや感情の偏りを映し出していることが多いのです。

たとえば、ストレスを抱えていると眉間にグッと力が入ったり、不安があると口角が下がりやすかったり。「ガミースマイル（上の歯茎が見える笑い方）が気になってうまく笑えなくて…」といったように、コンプレックスによって表情グセが生まれてしまうこともあります。

逆に、表情グセを改善することで、ストレスが解消され心のクセ（思い込みや不安）を改善することもでき

表情から心を変える！
心のクセを手放す3つの方法

1 口角を1mm上げる

小さな変化が、大きな変化を生む

人は楽しいと自然に笑顔になります。逆に、笑顔をつくることで気持ちが前向きになることも。意識して口角をほんの少し上げるだけで、脳は「楽しい」と勘違いし、心が軽くなります。たった1mmの変化が、心のクセをゆるめる第一歩になるのです。

今すぐできる！
- 真顔のときにも口角を1mm上げる
- 話すときはほんの少し口角を意識

2 声のトーンを1トーン上げる

声が変わると、表情も変わる

声のトーンは、そのまま心の状態を表します。低く小さい声で話していると気持ちも沈みがちに。逆に、いつもより少し明るい声を意識するだけで、気持ちも表情も明るくなり、口角も自然と上がりやすくなります。

今すぐできる！
- 「おはよう」「ありがとう」などいつもより明るい声で話してみよう
- 話したときの相手の反応を観察してみる

3 余計なものを手放す覚悟を持つ

手放すことで、心に余白が生まれる

「今の状況は、全部自分が作っているもの」。この視点を持つだけで、見える景色は大きく変わります。「もう必要ないもの」「持ち続けることで苦しくなるもの」は手放していくことが大切です。余計なものを減らすことで、心に余白が生まれ、新しい考え方や選択肢が入ってくる。それが、より自由で軽やかな自分につながっていきます。

今すぐできる！
- 「これは本当に今の自分に必要？」と問いかける
- 手放すことで、新しい余白が生まれることを意識する

ます。意識的に顔の力みをゆるめて笑顔を増やしていくと、自然と気持ちまで軽くなるという相乗効果が期待できるのです。

実際に受講生さんたちは、face grow methodを行って表情が変化したのはもちろん、心が変わって自然と笑えるようになったという方がほとんどです。

ストレスを感じたり、心がざわざわしたりするときは、顔の筋肉をリラックスさせ、穏やかな表情を作ることを意識してみましょう。脳が「リラックスした状態」と認識し、心も落ち着いていきます。

また、笑顔でいることで周囲からの反応もよくなり、安心感が高まって心のクセの軽減につながります。

最初は意識的に「表情グセ抜き」を行うことがコツです。慣れてくると心まで自然に明るくなり、内面から健やかな自分を育んでいくことができます。

歯科医に
聞きました！

佐藤加奈子 × 歯科医 荒川英雄先生 対談

face grow methodで
表情グセが抜けて
表情筋が鍛えられるのはなぜ？

face grow methodに取り組んだ人の表情がどんどん変わっていくのはなぜなのか、
口まわりの筋肉にも造詣が深い歯科医の荒川先生にお聞きしました！

＼ 歯科医師がface grow methodに共感する理由 ／

ここに納得❶
筋肉の使いすぎを
やめることから
始めている

ここに納得❷
動かす筋肉を
意識することを
大事にしている

ここに納得❸
ストレッチで
やわらかい筋肉を
手に入れる

face grow methodは天然のボトックス!?

佐藤　face grow methodでは、まず人それぞれの表情グセをチェックすることから始めるんです。受講生のみなさんを見ていて思うのが、緊張やストレスから力んでいる人が多く、顔に余計なシワが入ってしまっているということ。歯のコンプレックスを隠すような笑い方が習慣になってしまっている人も多いんです。

荒川先生　僕の患者さんでも、シワができやすい表情グセがある人は多いです。骨格や歯並びによって歪みが出ている場合もありますが、筋肉の使い方によって表情グセができてしまっている方も多くいらっしゃいますね。

佐藤　意外と自分の表情グセってわからないんですよね。どんな筋肉の使い方をすると表情グセに影響しますか？

荒川先生　たとえば、食事の際どちらか片方だけで噛んでいたら、そちら側だけ筋肉が発達して左右非対称な顔になってしまったという人は多いですね。
また、上唇鼻翼挙筋《じょうしんびよくきょきん》や上唇挙筋の使いすぎで、ガミースマイル（笑ったときに上あごの歯茎が３㎜以上見える状態）になってしまっている人もいます。

佐藤　そういう場合、歯科ではどういった治療をするんですか？

荒川先生　歯科ではボツリヌス療法か口唇移動術という外科処置になります。ボツリヌス療法は緊張している筋肉をリラックスさせ、シワを軽減させることが可能です。ただ、即効性はありますが、効果は４カ月前後で切れてしまいます。継続するにはお金も時間もかかるわけです。

佐藤　たしかに、クリニックに通い続けるのは大変ですよね。私のメソッドでは、表情グセを抜くための「クセ抜きトレーニング」をするんです。顔を力みのないニュートラルな状態にできると、必要な表情筋だけを使い、使いたくない筋肉は動かさないため、おのずと顔はリフトアップし、シワも減ります。クセ抜きの方法をマスターすれば、ボツリヌス療法と同じ効果が得られると思っています。

荒川先生　face grow methodのいいところは、誰でも気軽に試せて、マイナスになることがないということだと思います。たとえば、ボツリヌス療法は即効性はありますが、熟練した医師、または歯科医師がボツリヌス療法を行ったとしても、左右の筋肉に対する効果に差が出た場合、表情が不自然になってしまう可能性はあります。
一方、このメソッドはコツコツ行う必要はありますが、「今の笑顔がちょうどいい！」というところでやめられますよね。

佐藤　まさに！　自宅でいつでもできてお金もかからず、効果は実感できるのでいいことだらけなんです。自分でクセ抜きができるようになれば一生もの

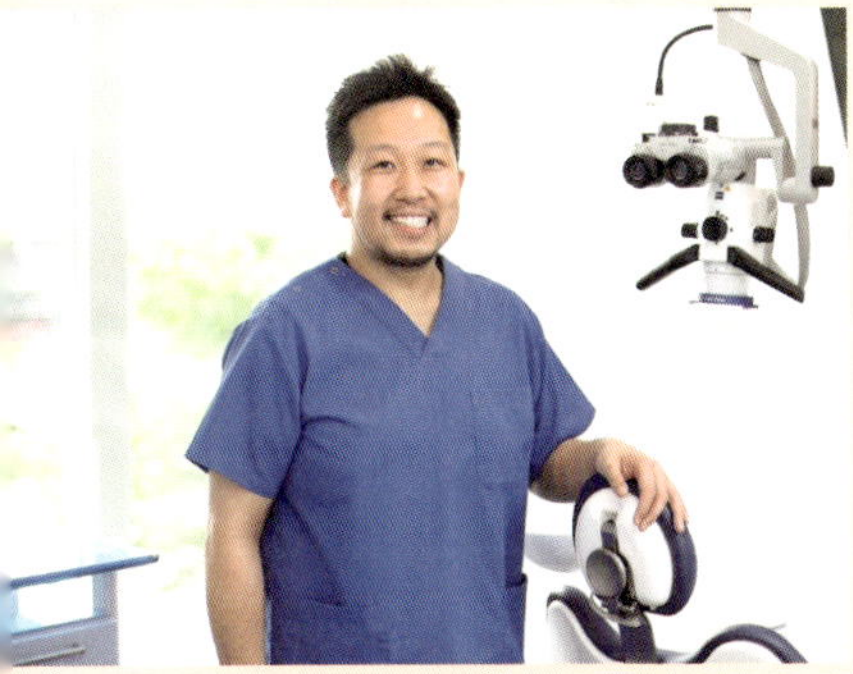

荒川デンタルクリニック 院長
荒川英雄先生
2019年荒川デンタルクリニック開設。治療前の診断と科学的根拠に基づいた治療を重視。痛みに配慮した丁寧な治療やわかりやすい説明が患者さんに人気。

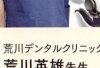

だと思います。

鍛えるときは動かす筋肉と筋肉が動く方向を意識する

荒川先生　インスタグラムを見ると、佐藤さんはトレーニングするときに手も動かしていますね。

佐藤　そうなんです。顔の筋肉は一つひとつが小さいので、この表情筋を動かしてくださいと言ってもはじめは難しいんですよね。だから、「この筋肉を動かしたい」というところに手を置いたり、筋肉を動かしたい方向を手で指示したりするんです。

荒川先生　それはとてもいいことですね。筋肉と脳は連動性がありますから。

佐藤　たとえば、「基本の脱力スマイル（P40）」は、犬歯の上のあたりの力を抜いてから口角を上げていきます。これは、簡単に見えて表情グセがある人ほど難しいトレーニング。だから、私は犬歯の上付近から見えない糸を指でつまみ、そっと引き上げるように動かします。こうするとイメージがしやすいんです。

荒川先生　たしかに、「この表情筋をこう動かすぞ」と意識しながら筋肉を動かすことで、より効果が見込めると思います。

佐藤　あとは、動かす筋肉を意識してもらうために、必ず鏡を見ながらトレーニングしてもらいます。鏡を見ると見ないとじゃ、効果が全然違うんです！

荒川先生　鏡を見ることはとても大事だと思います。ジムにも必ず鏡がありますよね。正しいフォームを確認する、体の変化をチェックできるなどのメリットももちろんありますが、どの筋肉を動かしているのか意識しやすくなります。

佐藤　クセを抜くのも表情筋を鍛えるのも簡単ではないので、矯正感覚で指や手でサポートします。最終的にはサポートなしで正しいポーズをとれるようになるといいのですが、まずは使うべき表情筋を動かすことのほうが大事だと思っています。

ストレッチも取り入れてやわらかい筋肉をつける

荒川先生　佐藤さんの受講生の方々は、みなさんシワが減って本当にキレイになっていますよね。

佐藤　そうなんです。脱力してニュートラルな顔を作ってくださいというところから始まるので、最初はみなさん「これで本当に変わるの？」と半信半疑なのですが、どんどんお顔が変わっていくので驚いていらっしゃいます。

荒川先生　表情筋トレーニングというと「鍛えなさい」と教える人が多いですが、そこからの脱却というのが面白いと思いました。

佐藤　face grow methodでは、まずクセを抜き、理想の笑顔を作るために必要な表情筋を鍛え、ある程度筋肉がついたらトレーニングの強度を落とします。鍛えすぎると女性らしいやわらかさがなくなってしまうので。

荒川先生　確かに、鍛えすぎると少しゴツゴツとしたイメージにも見えてきてしまいますね。

佐藤　実は私も、張り切ってトレーニングをしすぎて頬がカチカチになってしまったことがありました。その反省を生かして、ほどよく鍛え、適度にゆるめるという今のメソッドを考案したんです。

荒川先生　強度の高い筋トレを続けていると筋肉はどんどん硬くなってしまいますからね。休息を挟みつつ、ストレッチも取り入れるといいと思います。

佐藤　私もそう思います。顔がマッチョになってほしいわけではないので、トレーニングの頻度や強度を落とすと同時に、ほぐしたり、ストレッチも大事にしてほしいです。

荒川先生　実は、普段の生活でも筋肉は疲労しています。ですから、伸ばすことやほぐすことはとても大事。ストレッチを取り入れることで、柔軟性のある筋肉がついてくると思いますよ。

老けグセリセットで

私たちこんなに変わりました！

美容医療なしで劇的に変化!!

AFTER

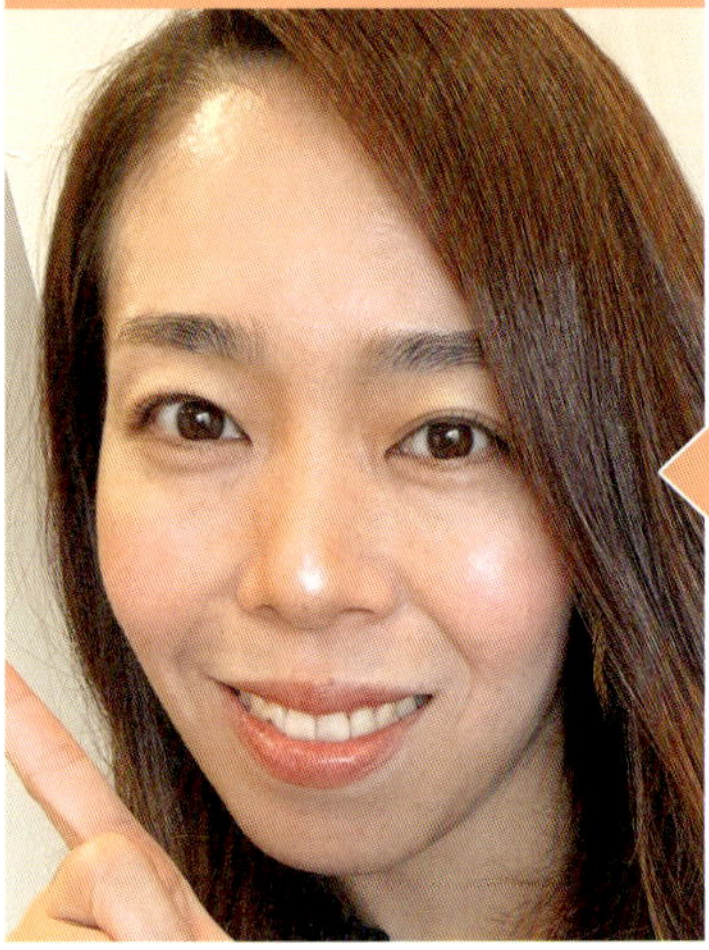

BEFORE

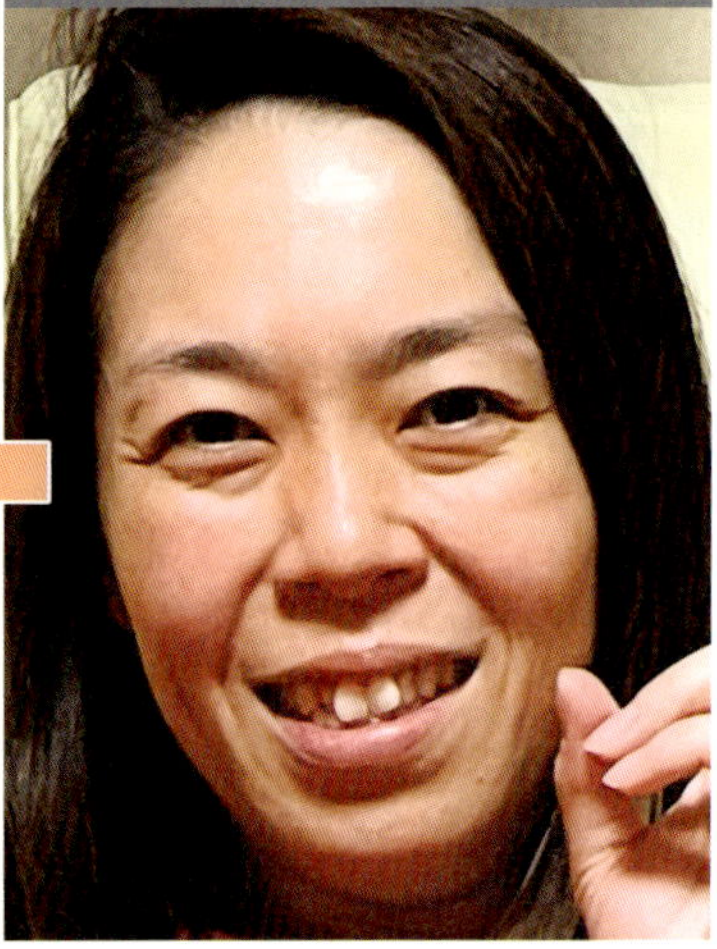

名前　水保 裕佳子

年齢　38歳

お化粧してもパッとしなくなったお顔を隠すためにいつもマスクをして外出していた私…。face grow methodと一般歯列矯正だけでここまで変化し、今ではお化粧していなくてもマスクなしで外出できるようになりました。目は奥二重になっていたのが二重に戻り、膨らみがなくペタッとしていた頬がふっくら丸みのある頬になり目の下の窪みも改善。お顔が変わりすぎてスマホの顔認証ができなくなりました！（笑）

マリオネットラインが薄くなった

名前　髙妻 智蘭

年齢　42歳

一番気にしていたマリオネットラインがかなり薄くなりました！また、肌の質感もビックリするくらい変わりました。そして、歪みを気にするようになったおかげで、30年来のクセである、唇の皮むきも頻度がかなり減りました。しかし、自分の顔としっかり向き合ううちに思った以上に歪んでることに気づいたので、今も頑張ってトレーニングを続けています。また、気持ちもずいぶんと変わり、以前のようなチャレンジ精神が出てきました！

AFTER

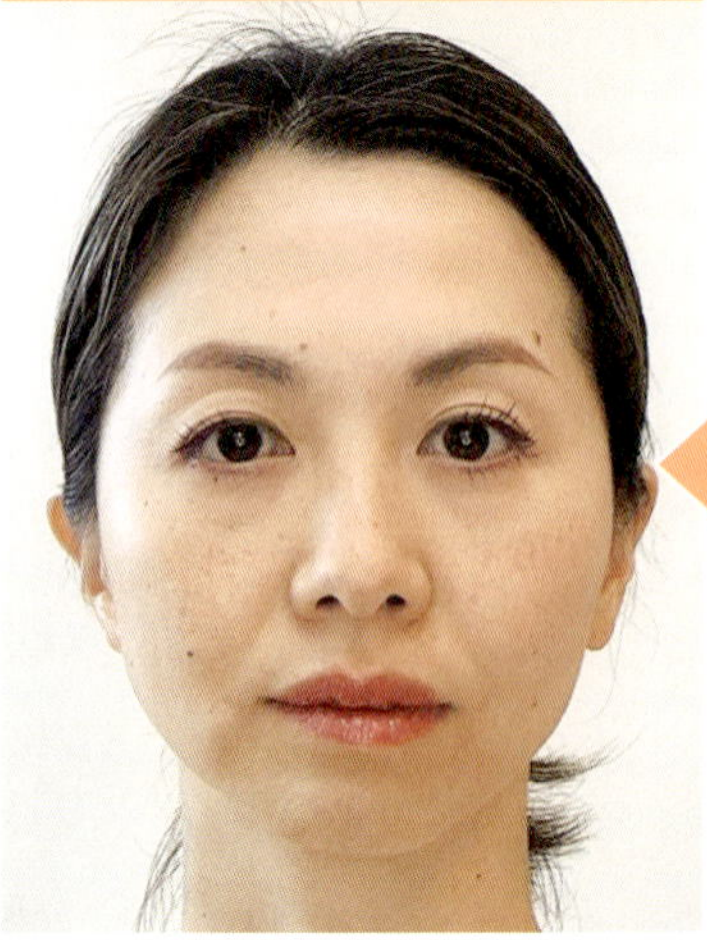

BEFORE

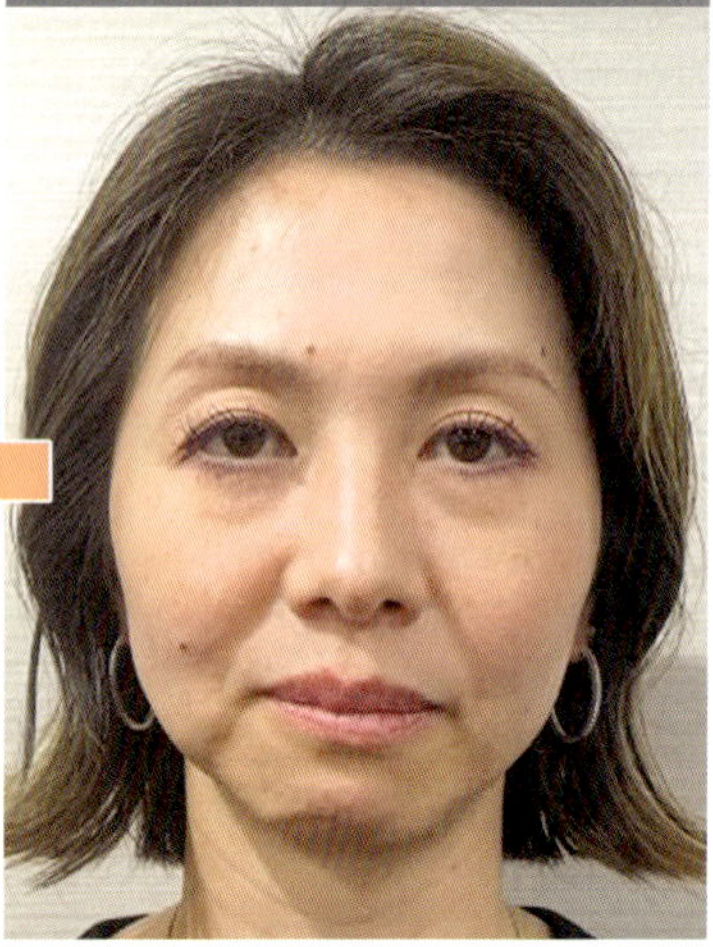

face grow methodを8カ月受講した1期生と4カ月受講した2期生のみなさんの変化をご紹介します。
おだやかな女性らしい笑顔になり、心の変化も実感しています。

変わっていく自分が楽しみ

名前 堀 エリカ
年齢 42歳

加奈子先生は同い年で同じ3人のママという共通点の多さに親近感を抱きつつ、こんなにも若々しさや美しさが自分と違うのかと衝撃を受けました。見よう見まねでやっていると少しずつ変化が表れ、友人から「教えてほしい！」と言われるまでに。養成講座が開催されることを知ったときは、即決で申し込みました。顔の変化はもちろん、もっと変われるという未来の自分にワクワクできるようになったことが一番の変化です。

自信を持っておすすめできる美容法

名前 西 夢子
年齢 40歳

ほうれい線をはじめ、口元の劣化が気になっていました。夜の電車の車窓に映るもはやホラーな自分をどうにかしたい！と美容医療を検討しているとき、導かれるように加奈子先生のインスタに出会いました。30代をすぎてお顔の悩みがない方はまわりにいません。みんな何かしらコンプレックスや悩みを抱えています。そんな悩めるみなさんに、こんなにヘルシーで最強な美容法があるということが広く届くことを願っています。

顔の歪みまで改善された！

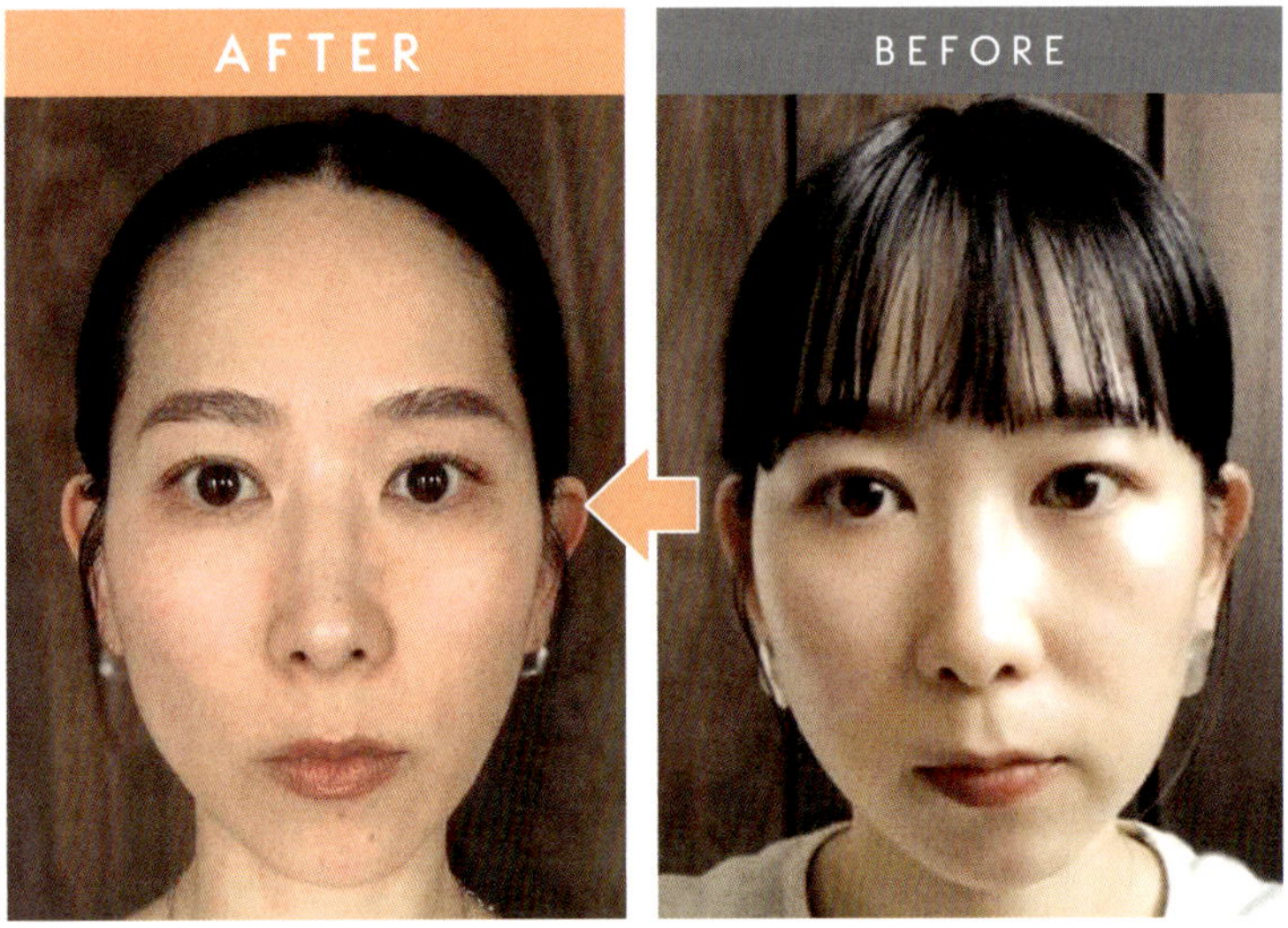

名前　関 亜希子
年齢　40歳

腫れぼったいまぶた、笑ったときにほうれい線にのしかかる頬のたるみ、そして腹話術人形のような口角横の縦線に悩む日々。表情グセを抜くこと、正しい表情筋の使い方を学ぶことで諦めていた悩みがどんどん改善され、気づけば外見だけではなく心まで明るく前向きに変化していました。そして、トレーニングでどうにかできるものではないと思っていた顔の歪み(左右非対称)や、肩の左右差まで改善したのには驚きました！

目元の変化とともに心も変化

名前　藤原 聡子
年齢　48歳

諦めていた目尻のシワが徐々に薄くなり、上まぶたのたるみが軽減されたことで奥二重が二重に近くなりました。そして、顔全体の力みがなくなったと思います。でも、一番変化を感じたのは内面です。子育てが終わった途端、自分が何者かわからなくなり、やりたいこともない暗闇の中でコロナ禍に入り全てが閉ざされた毎日。ところが、トレーニングで顔が変わると、それに影響されるかのように心も変化していき、自然に笑顔が出るようになりました。

たるみやシワが解消され肌までキレイに

AFTER　BEFORE

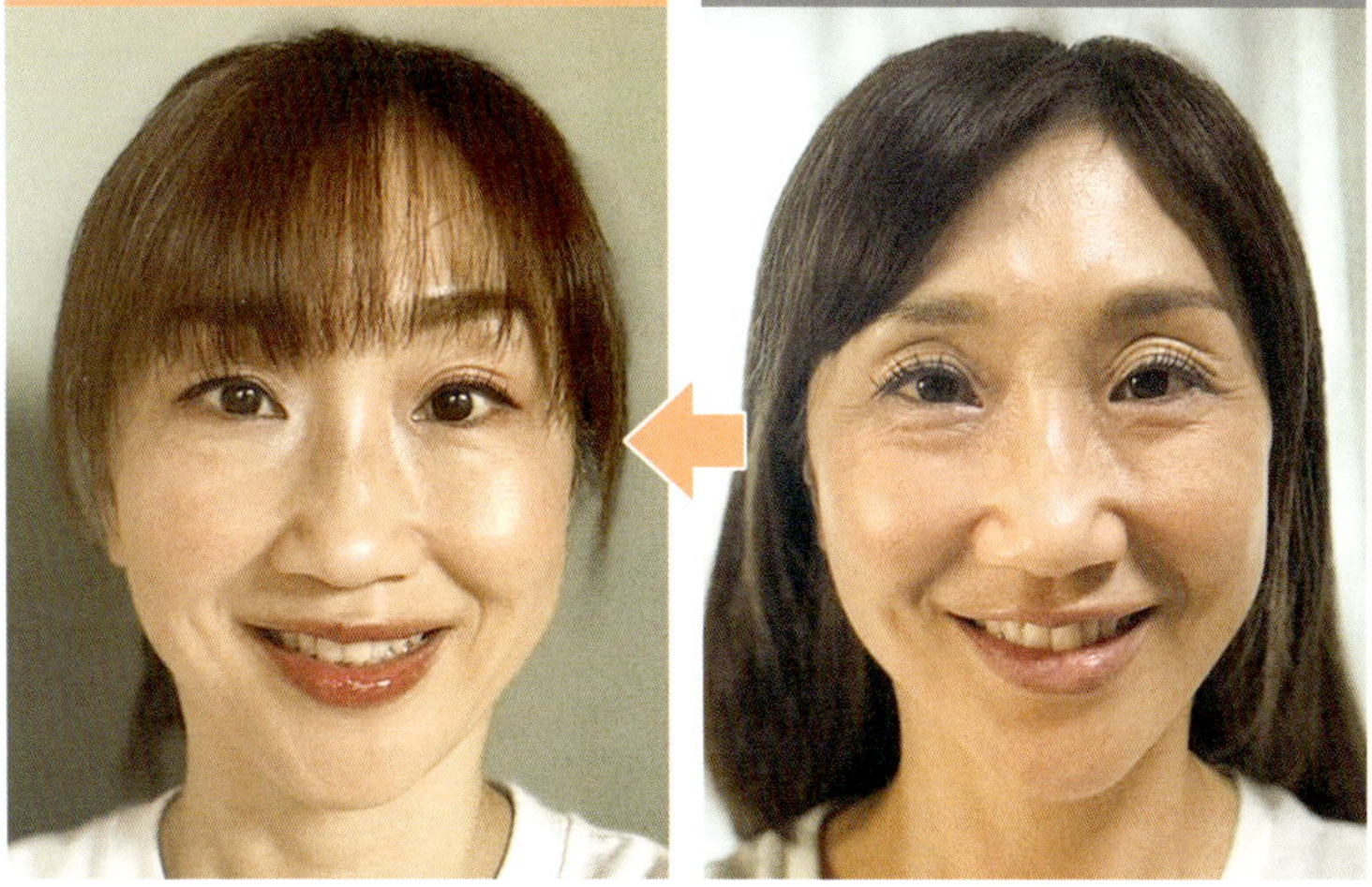

名前　原田 真樹

年齢　50歳

ハイフやヒアルロン酸など美容医療の施術を受けていましたが、先生との相性が悪く失敗したことで他の美容法がないか探していたときにface grow methodを知り、加奈子先生の半端ない顔のやわらかさに衝撃を受けて受講を決意。一番悩んでいた目のくぼみとたるみ、シワが解消でき、フェイスラインが引き締まってたるんだアゴがスッキリ。むくみが取れ、肌に張りが出てトーンアップまで叶ったことには驚きました！

人生で初めて夢ができました

名前　熊原 恵利香

年齢　39歳

子供のころから笑顔に自信がなく、面長、クマ、老け顔などに悩む日々。さまざまな美容医療にも挑戦しましたが、悩みは改善されませんでした。でも、face grow methodは1カ月で小顔かつ立体的な顔になり、目の下のシワも軽減！　自信がついて顔も心も明るくなりました。早くに結婚をし、子育てだけで人生終わるのかなと思っていましたが、講師になって多くの人に自分の顔を好きになってもらいたいという夢ができ、毎日が楽しいです！

AFTER　BEFORE

CONTENTS

CHAPTER 1

自分の表情グセを知る方法

筋肉の使い方で表情は変わり 無意識のうちにクセがつく

CHAPTER 2

7 DAYS STANDARD TRAINING

気になるシワやたるみを解消
たった7日間で顔が変わる！

老けグセ抜き 7日間トレーニング

CHAPTER 3

LEVEL UP TRAINING

鍛えたい筋肉を意識して気になる部分にアプローチ!

お悩みを解消 理想の顔をデザインする ピンポイントトレーニング

CHAPTER 4

LOW INTENSITY TRAINING

なんと鍛えすぎるとかえって老けるんです!!

あえて鍛えすぎないゆるトレ

STAFF

ART DIRECTION
松浦周作 (mashroom design)

BOOK DESIGN
酒井好乃 (mashroom design)

ILLUSTRATION
奥川りな

COVER PHOTOGRAPHER
STUDIO TEDDY

SUPERVISOR
荒川英雄

PROOFREADING
麦秋アートセンター

DTP
浦谷康晴

EDITING COOPERATION
川村彩佳

EDITOR
竹内詩織

CHAPTER 1

筋肉の使い方で表情は変わり
無意識のうちにクセがつく

自分の表情グセを知る方法

表情筋の種類と表情ジワの関係

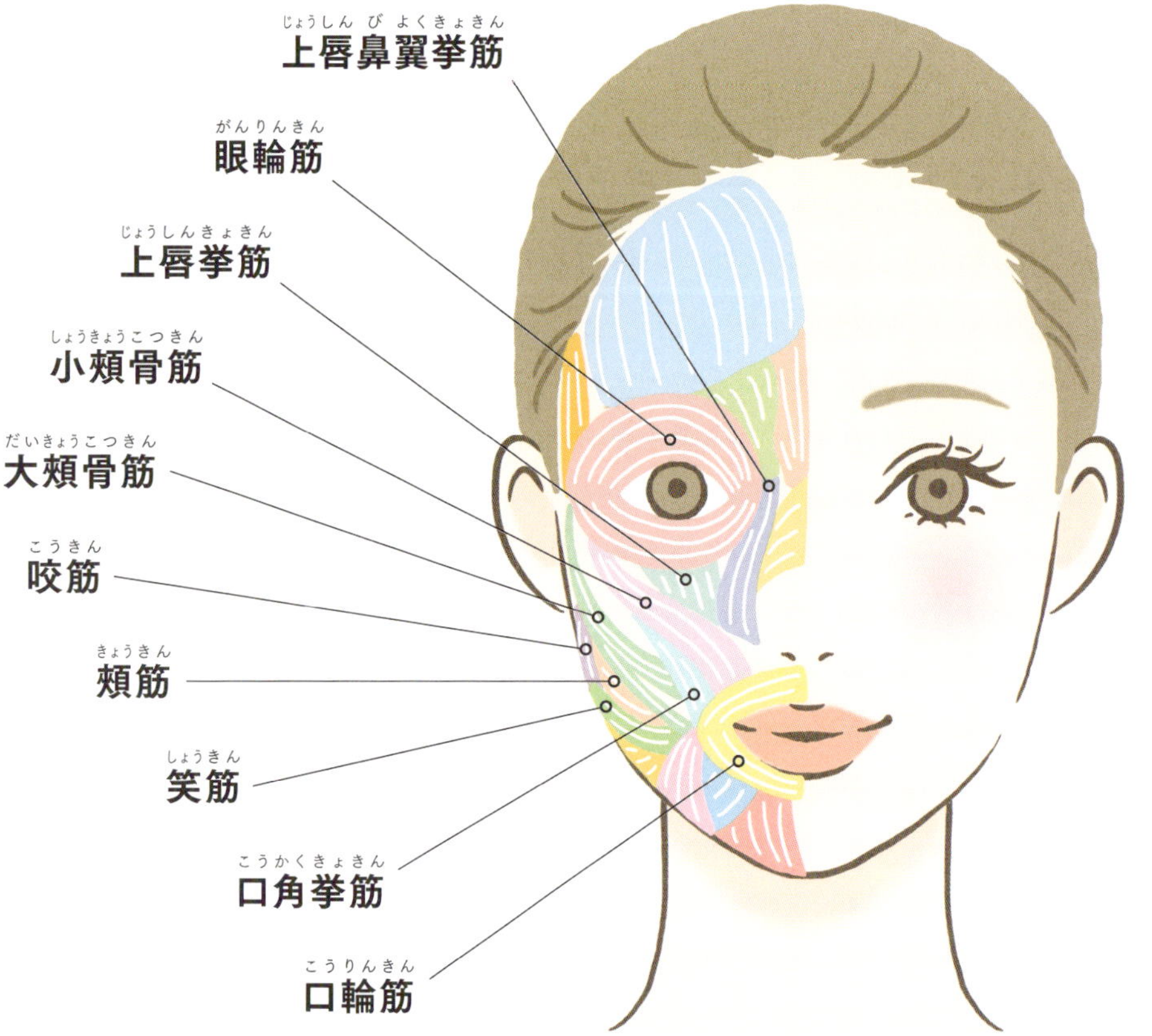

特に覚えておくべき10の筋肉

一般的にシワ＝老化というイメージが強く、シワが目立ってきても「もう年だから…」と諦めている方も多いのではないでしょうか。

でも、私がレッスンをしているなかでは、老化からくるシワより、表情グセによるシワが入ってしまっている方が多いと感じています。

表情グセによってシワが入ってしまうということは、使う筋肉が間違っているということ。**過剰に使っている筋肉は発達しすぎてしまいますし、まったく使われていない筋肉は衰えてしまいます。**

正しく筋肉を使うためには、顔の筋肉の場所を知り、使う筋肉の道筋を意識することが大切です。このあとのトレーニングでも、意識するべき表情筋が出てきます。

まずはどんな表情筋があり、その表情筋の使い方を間違えるとどんなシワにつながってしまうのかを理解しておきましょう。

目まわり	眼輪筋《がんりんきん》	目のまわりを囲んでいる筋肉で、瞬きをする際に動きます。眼輪筋の劣化が進むと、目元のたるみやシワ、目の下のクマの原因にもなります。
	上眼瞼挙筋《じょうがんけんきょきん》	まぶた（上眼瞼）を持ち上げる筋肉。目を開けるときに必要不可欠な筋肉で、鍛えるとまぶたのたるみ、眼瞼下垂が予防でき、ぱっちり目が維持できます。
鼻まわり	上唇鼻翼挙筋《じょうしんびよくきょきん》	上唇挙筋や小頬骨筋と連動して上唇を引き上げる鼻横にある筋肉。ここが衰えると、口元のたるみやゴルゴライン（頬にできるシワやくぼみ）の原因になります。
頬周り	上唇挙筋《じょうしんきょきん》	口輪筋から眼輪筋につながる筋肉。上唇をこめかみ方向に引き上げる筋肉で、きれいな笑顔を作るためには欠かせない働きをします。衰えると口角が下がったり、口元のたるみやほうれい線の原因に。発達しすぎるとガミースマイルにつながります。
	小頬骨筋《しょうきょうこつきん》	口元を斜めに引き上げ、笑顔を作る大切な筋肉。小頬骨筋が衰えると頬にたるみが出て、上唇のたるみやほうれい線につながります。涙袋や目元のたるみが目立つことも。
	大頬骨筋《だいきょうこつきん》	口角や頬を上げるときに使う筋肉。顔の筋肉の中でも比較的大きな筋肉の一つで、顔の形状や輪郭にも大きな影響を与えます。大頬骨筋を使いすぎたり、逆に使わず衰えたりすると、ほうれい線や顔全体のハリ感の低下、口角のたるみにつながります。
	咬筋《こうきん》	顔の側面にある筋肉で、あごの動きを助ける働きがあります。咬筋が食いしばりなどで過度に発達すると、エラが張って顔が大きく見えてしまいます。
	頬筋《きょうきん》	頬の内側にある筋肉で、表情筋のなかでも重要な役割を担います。咀嚼やのみ込む、吹き出す、話すなどの動作で活躍。顔の輪郭に影響します。
	笑筋《しょうきん》	笑顔に関わる表情筋。口角を外側に引っ張る働きをする筋肉で、収縮するとエクボができます。笑筋が衰えると、口元がだらしなく見えてしまいます。
口まわり	口角挙筋《こうかくきょきん》	上あごの犬歯付近から小鼻の横あたりまでの筋肉。口角を上に引き上げる働きがあり、衰えると口角が下がります。
	口輪筋《こうりんきん》	口のまわりを囲んでいる筋肉で、唇を閉じたりすぼませたりするときに使います。意識しないと動かすことが少なく、衰えてくると口角が下がります。また、凝り固まっているとマリオネットライン（口角下にできる溝）につながることも。
	舌筋《ぜっきん》	舌の運動に関わる筋肉の総称。この筋肉の衰えは、二重あごやフェイスラインのたるみ、歪み、ほうれい線などの原因に。また、筋肉が弱ると舌が正しい位置にキープできなくなり、口臭やいびき、虫歯・歯周病にもつながります。
首まわり	広頸筋《こうけいきん》	あごから首、胸までつながる薄い膜状の筋肉。下唇や口角を動かしていて、広頸筋がゆるむと首や下あごのたるみ、二重あご、首のシワの原因に。

自分の表情グセをチェック！

CHECK 1

鏡の前で笑ってみる

自分の表情グセを知ることは、シワやたるみなどの悩みを改善するためには必要不可欠です。クセ抜きトレーニングをする前に、まずどんな表情グセがあるのかチェックしていきましょう。

もっとも手軽に表情グセをチェックする方法は、鏡の前で笑うこと。**顔の力を全て抜いたニュートラルな表情のときにはないシワが、笑顔を作ると現れるなら、表情グセによるシワの可能性が高い**です。

このとき、表情を作りすぎず、なるべくいつも通りの笑顔を意識してください。そして、どこに力が入っていて、どんなシワが入っているのか、ボコッと盛り上がっている部分はないかを確認します。

ほうれい線が小鼻より上からできる場合は上唇鼻翼挙筋に力が入りすぎているなど、シワの入り方によって、どこを重点的にトレーニングすればいいかがわかります。

笑うときの表情グセの有無は力を入れる向きでわかる

小鼻の上からほうれい線

筋肉の道筋が上に向かってしまい、ほうれい線がより深く見える

理想の笑顔

顔の力が抜けていて、口角が斜め45度に上がっている

あごに力が入って下重心になる

余計な力があごに入ってしまい、下重心になって顔が縦に長く見え、シワも入る

口横にドレープができる

口角横に力が入りすぎて、ほうれい線の横に余分なシワが生まれていて、エラが張り大顔になる

CHECK 2

写真や動画を撮ってみる

いろいろな表情を作って写真を撮るのも、自分の表情グセを知るいい方法です。ただ、静止画だとどうしても表情を作ってしまいがちなので、友達や家族と喋っているところを動画に撮ったり、ビデオ通話をしているときに画面録画してみるのもいいと思います。

動画なら、静止画よりいろいろな表情や自分のクセをチェックすることができます。たとえば、**実は眉毛を上げておでこにシワを寄せながら話すクセがある、口元やあごに力が入って二重あごになりやすい**などは、鏡の前で笑顔を作るだけではわからないかと思います。

なるべく録画・撮影していることは意識せず、自然な表情でいることが大事。できれば、三脚などを使っていろいろな角度から撮影してみてください。

友達とビデオ通話しながら表情チェック

スマホの前で喋っているところを録画

オンライン会議の様子を横から撮影

私は
インスタライブをするときに
自分の表情を
チェックしています!

客観的に見る

CHECK 3

もっとも無意識に近い表情をチェックするなら、ふとした瞬間を誰かに撮影してもらうのが一番です。鏡を見る、ビデオ通話やオンライン会議を撮影するという方法は、自分で自分の表情を確認できるので、いい笑顔を作ろうと意識してしまいます。まったく表情を整えていない、無意識にやりがちな表情グセを確認するには、第三者に撮影してもらうといいでしょう。

たとえば、電話をしているときや、誰かと喋っているとき、「気づかないように撮影してみて」と身近な人に頼んでみてください。

意外とクセが出るのが、本やスマホに夢中になっているとき。口元に力が入って口角が下がっていたり、あごや頬に変なシワが入っていたりします。この表情グセは普段人からは見られているので、ぜひ改善していきたいですね。

スマホを操作しているところを撮ってもらう

電話をしているところを撮ってもらう

誰かと話しているところを撮ってもらう

私って
普段こんな顔しているの!?
と驚くと思います!

＼ クセ抜きトレーニングを行う“**前**”に！ ／

筋肉をほぐすことが大事な理由

1 咬筋を摩擦しないように
グーにした手で
小刻みに揺らす

2 両手の指先で
円を描くように
こめかみをほぐす

表情筋トレーニングでは、筋肉や筋膜を「ほぐす」ことが基本となります。

表情は、複数の表情筋が連動して動くことで成り立っています。しかし、ストレスや生活習慣などにより筋肉が硬くなると、表情筋の動きが制限され、表情が作りづらくなってしまいます。**まずは「ほぐす」ことで、筋肉の柔軟性と可動域を取り戻し、本来のスムーズな動作を取り戻しましょう。**

また、筋肉を包んでいる「筋膜」は、筋肉同士や周辺組織がスムーズに動くための潤滑油のような役割を担っています。しかし、姿勢の崩れや長時間同じ表情を続けることなどで筋膜同士が癒着すると、筋肉が引っ張られて動きが悪くなり、コリや痛み、たるみなどを引き起こします。**ほぐすことによって癒着した部分をゆるめると、筋肉が本来の位置や動きに近づき、より自然で美しい**

3 頬骨の下を人差し指で支えて揺らす

4 人差し指の第二関節を小鼻の上あたりにあて、ゆさゆさ揺らす

5 グーにした手で円を描くようにあごをほぐす

表情が作れるようになります。

筋肉や筋膜の硬直によって、局所的に血流やリンパの流れが滞ると、肌のくすみやむくみ、老廃物の蓄積を招き、むくみを助長します。ほぐすことで血行が促進されると、肌のトーンが明るくなり、リフトアップ効果や小顔効果にもつながります。

ほぐすことによって表情筋が柔軟になり、筋膜の癒着もない状態になると、顔全体のバランスが整い、自然に引き上がりやすくなります。余計な力みが減るため、深いシワを生み出していた表情グセも徐々に改善され、シワそのものが目立ちにくくなる効果も期待できます。

筋肉や筋膜を十分にほぐさないまま負荷をかけてトレーニングをすると、正しい方向に力が伝わらず、狙った効果が得にくくなるばかりか、望まない部分に力が入りすぎて輪郭が崩れたり、かえってシワを深くする原因になりかねません。

摩擦が気になる人には
フェイスポインターがおすすめ

フェイスポインターなら、簡単で摩擦レスなうえに、細かいところまで筋肉をほぐすことができる

愛用の
フェイスポインターは
こちら！

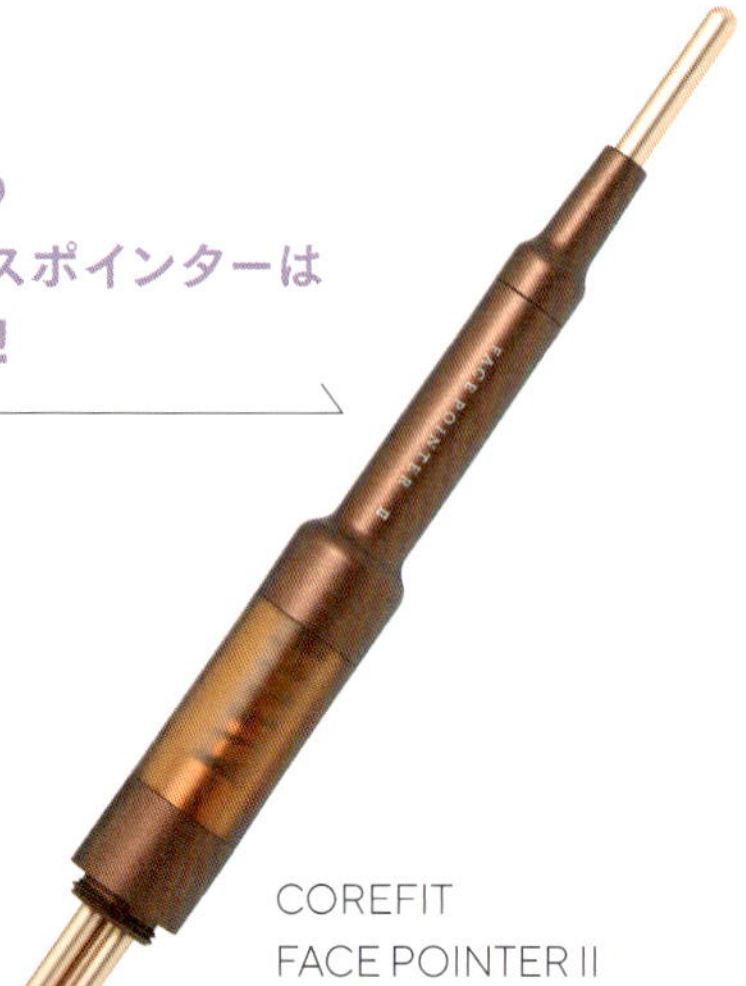

COREFIT
FACE POINTER II

まずは緊張やクセを取り除き、トレーニングを受け入れやすい状態を作りましょう。

筋肉の柔軟性と筋膜のなめらかさがあってこそ、正しいアプローチや負荷のかけ方で表情筋がきちんと動き、リフトアップやシワの軽減につながるのです。筋肉や筋膜の準備を整えてからトレーニングに取り組むことが、最短距離で美しくなる秘訣といえます。

CHAPTER 2

7 DAYS
STANDARD
TRAINING

気になるシワやたるみを解消
たった7日間で顔が変わる！

老けグセ抜き
7日間トレーニング

トレーニングを始める前に

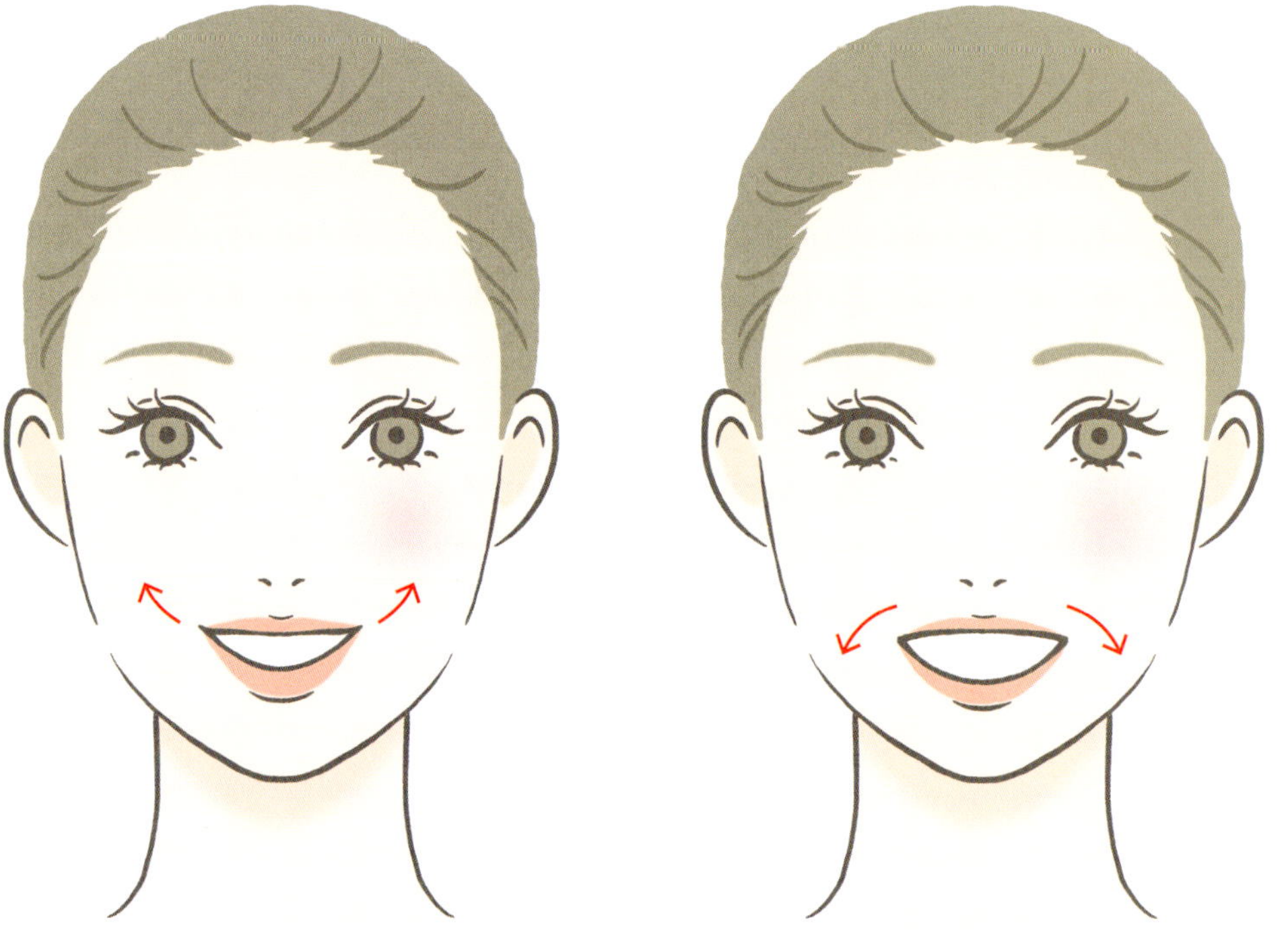

○ 正しい方向に 1mm動いている

× 間違った方向に 3mm動いている

表情筋は一つひとつが小さいので、一日短時間動かすだけでもみるみる変化していきます。ただ、間違った方法でトレーニングをしてしまうと、思ったような効果が得られないことがあるので注意が必要です。

まず、表情グセを抜くためには、うまく脱力することがカギになります。ニュートラルな表情を意識し、マッサージをしたり深呼吸をしたりして、リラックスしてから行うようにしましょう。

慣れるまでは正しいポーズをとるのは難しいかもしれません。普段使っていない表情筋を動かすことに苦戦する方も多いです。

はじめのうちは正しいポーズをとることよりも、不要な筋肉を動かさないことのほうが大事です。**正しい筋肉の道筋だけを使って、1㎜でも動かすということを意識してください。**

トレーニングをする前に意識すること

鏡を見る

鏡を見ながら、今どの筋肉を動かしているのかを意識してトレーニングをすることがとても大切。無意識にただ表情筋を動かすだけとは効果が全然違いますので、必ず鏡を見ながら行いましょう。

顔全体をほぐす

表情グセが原因で凝り固まった筋肉をゆるめるために、顔全体を優しくほぐしておきます(P32参照)。特に、眉間やあご、ほうれい線まわりなど、クセが出やすい部分を丁寧にほぐしましょう。

ニュートラルな表情

鏡を見て、自分の「リラックスした自然な表情」を確認します。特に、眉間や口角に力が入っていないかをチェックし、無意識のクセを減らす意識を持つことが大切です。

深呼吸する

深呼吸をすることで、顔だけでなく全身の緊張をほぐします。全身がリラックスすると、顔の筋肉もリラックスしやすくなります。

減って小顔になります！

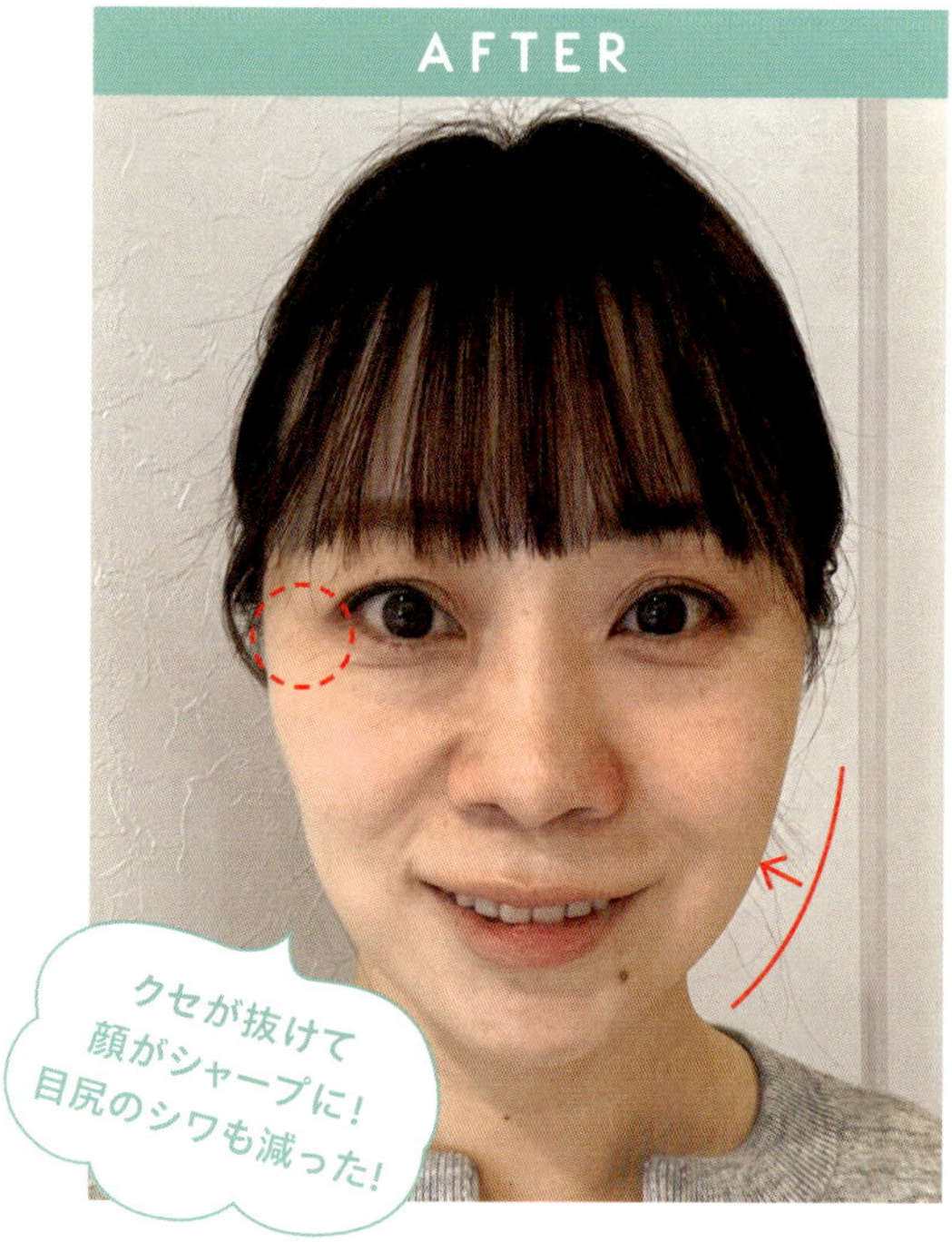
AFTER
クセが抜けて
顔がシャープに！
目尻のシワも減った！

BEFORE
過剰な力が入って
顔が大きく見え
目尻のシワも目立つ

顔全体の力が抜けて必要な表情筋だけ使えるようになった鈴木さん。目尻のシワが減り、咬筋の力みが改善されてエラの目立ちが軽減。鼻筋もスッと通りました。

表情のクセに気づいて脱力するコツを覚えよう！

これまで、目元のシワやほうれい線などの老けグセは、表情のクセを抜くことによって解消できるとお話ししてきました。しかし、それを直すのに長期間かかるなら、いくら効果抜群でもやっぱりやる気が起きませんよね。

今回は、なんと7日間で表情グセがしっかりと抜けるメニューを考案しました。**長年かけてしみついてしまった表情のクセを短期間で取るのは難しいことと思われがちなのですが、実はコツさえつかめば短期間で変わる方もいるんです。**

たとえば、目尻に力を入れて笑うクセのある方は、そのクセを取るだけでシワが軽減されます。咬筋にグッと力が入ってしまうクセのある方は、ふわっと笑うことを意識するだけで、エラの張り感がおさえられ小顔にな

7日間でも、シワが

AFTER
たるみ感が軽減し
引き上がった！
BEFORE
目まわりがたるんで
口角が上がりづらい

目まわりのたるみや口まわりのシワが気になっていた松岡さん。目元のたるみ感が改善され、咬筋の力みが減って全体的に輪郭がシャープになり、糸リフトをしたかのようにリフトアップ！

るんです。どちらも、美容医療ならボツリヌス療法に何度も通って解消するところを、筋肉の使い方次第で変化させることができます。特に目元とエラは力んでしまう方が多く、7日間でも効果実感の高いパーツだといえます。

1日何セットという目安の回数は提示しますが、鏡を見て口元のクセが強いと思ったら回数を増やすなど調整してくださいね。

ぜひこの7日間をご自身の顔と向き合うきっかけとしてください！

« 次のページから
7日間メソッド
START！

\ 今日のトレーニング /

TODAY'S 01 基本の脱力スマイル

10回×3セット

全ての力を抜いて表情筋をゆるめるトレーニングです。
口角を上げるための筋肉を動かす適切な順番を叩き込みましょう。

(期待できる効果)

- エラ張りの改善
- 目まわりのシワ感の改善
- 表情筋をゆるめ自然な笑顔が作れる

1 脱力真顔になる

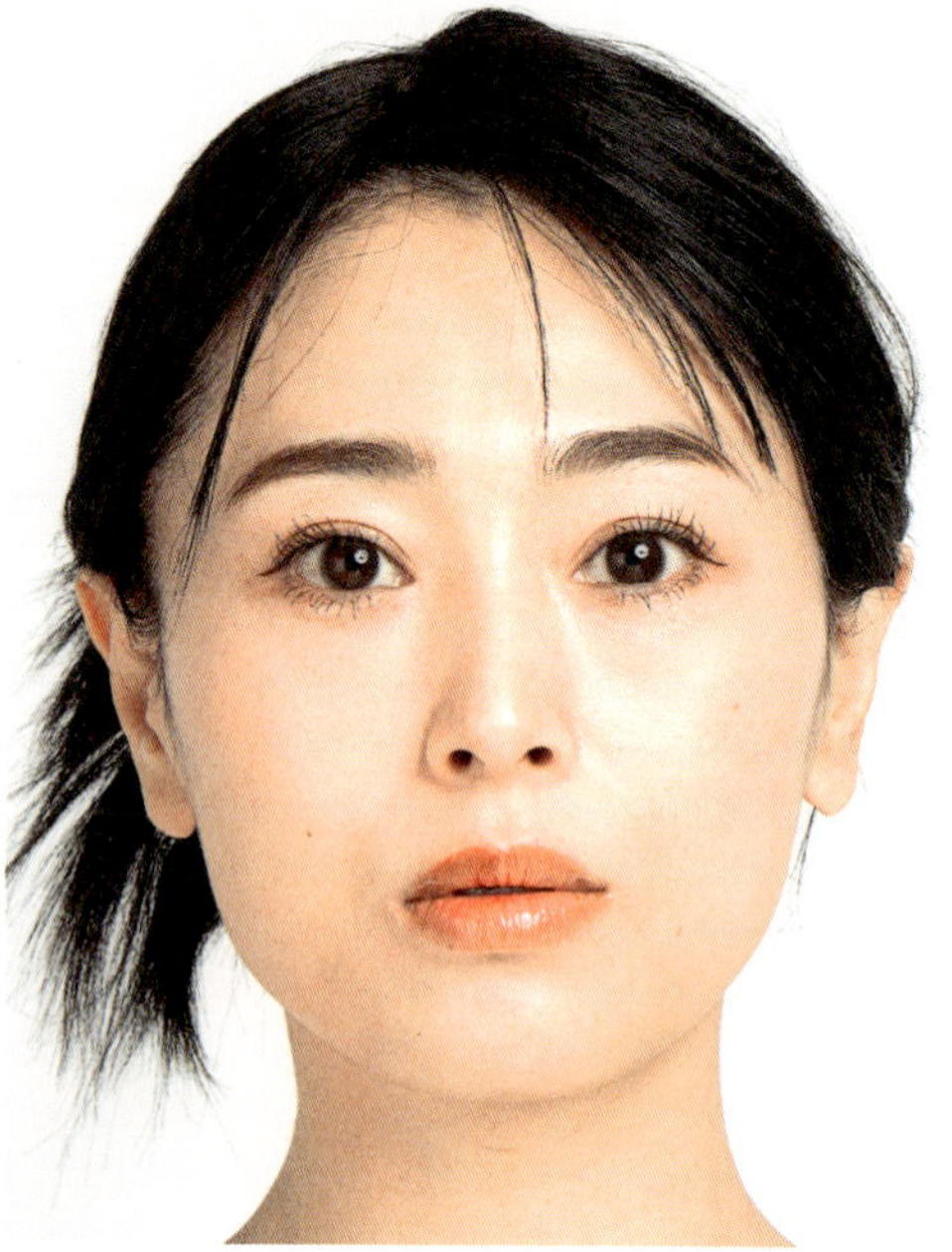

顔の全ての力を抜いて真顔になります。口は閉じますが、歯と歯は離れているイメージで。

2 犬歯の上をふわっとリラックス

犬歯の上あたりをふわっとリラックスさせます。筋肉を動かす方向を意識するため、手の動きを添えましょう。

クセが抜けた笑顔がこちら!

ふとしたときもこのやわらかい笑顔ができれば完璧! 表情グセが強い方は何度もくり返してみてください。

3 斜め45度に頬を上げる

大頬骨筋と小頬骨筋を意識しながら、斜め45度に頬を持ち上げます。1〜3を10回くり返し、それを3セット続けて行います。

この筋肉を意識しよう

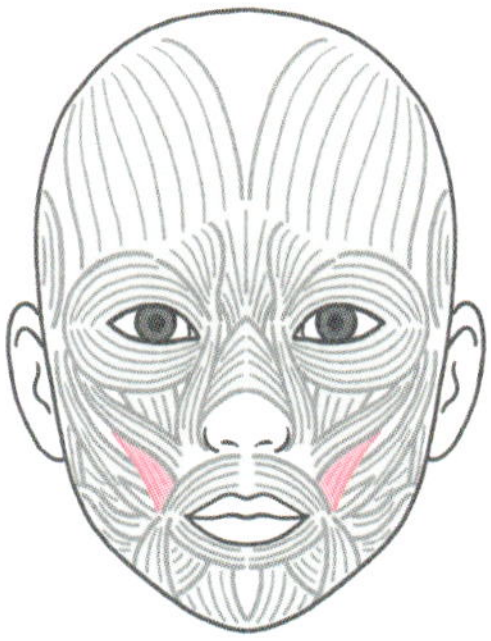

口角挙筋

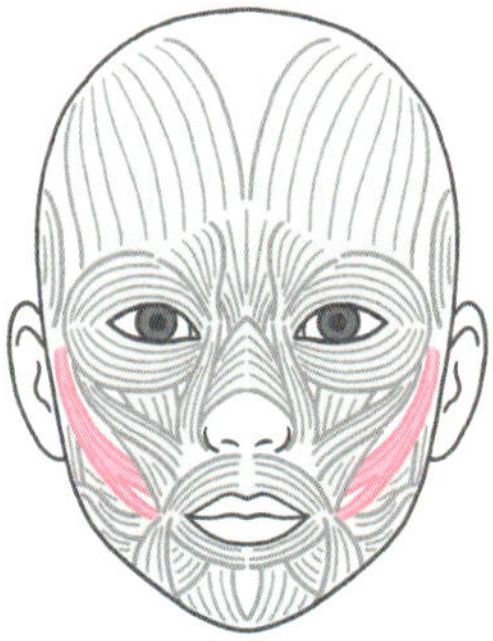

大頬骨筋

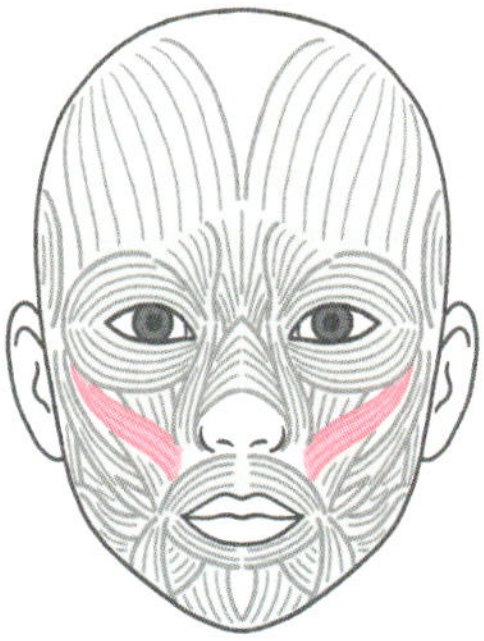

小頬骨筋

ONE POINT ADVICE

ワンポイントアドバイス

前歯をきれいに見せる

犬歯を見せるように斜め上に頬を持ち上げます。前歯の3分の2くらいが均等に見えるのがベスト。

空気を入れるイメージで口元をゆるめる

慣れるまでは口元に余計な力が入りやすいので、上顎と歯茎の間に空気が入るイメージでふわっとさせて。

これはNG!

目元に力を入れない

目元に力が入ると目尻にシワが入ってしまうので、目元は脱力の状態をキープ。

上唇鼻翼挙筋を使いすぎない

鼻の横の上唇鼻翼挙筋を使ってしまうと、鼻の横のほうれい線が深くなったり、鼻筋に横ジワが入ってしまいます。

脱力真顔ができるようになったら一瞬でキメ顔を作ってみましょう!

力みのない自然な笑顔が作れるようになれば、日々の不要なシワが刻まれることもなし。脱力スマイルのポーズは、毎日の習慣に気軽に取り入れられる動きです。習慣を変えるためには続けることが大切。そのため、7日間が過ぎた後も歯みがきのついでに行う、などルーティンに組み込んで無理なく続けていきましょう。

正しい筋肉を使う裏技

表情グセが抜けないうちは、筋肉をゆるめる感覚がつかめず、正しいポーズがとれないことも。
脱力スマイル（P40）、「え」のポーズ（P58）、「あ」のポーズ（P84）がうまくできないときは、
指や手でサポートするとやりやすくなります。

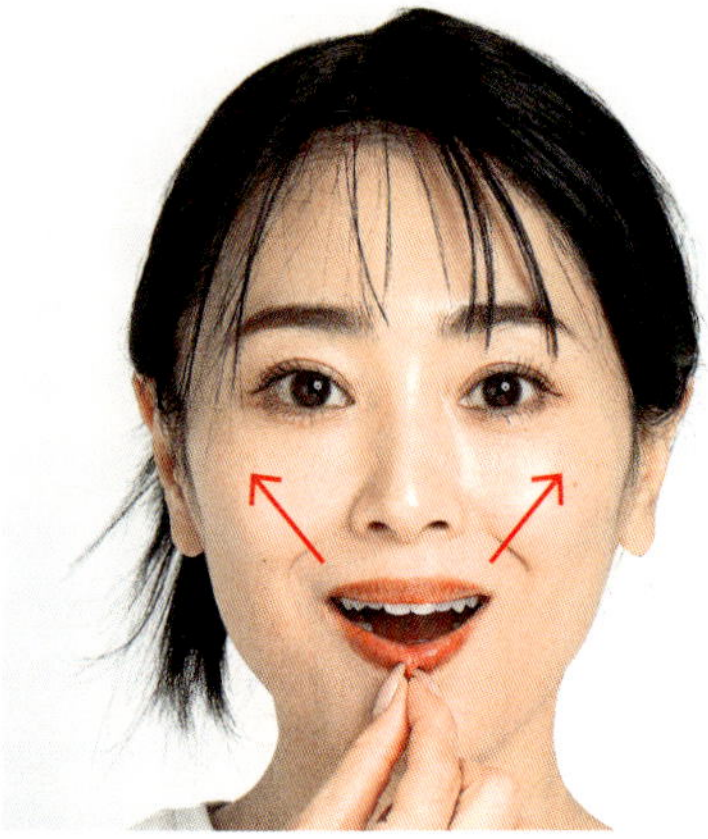

1

下唇を横に引いてしまう人

下唇を横につまんで引く力を阻止

2

上唇の上に力が入ってしまう人

下唇を縦につまむと
上唇に力が入りづらくなる

3

頬の力が弱い人

下頬に手を添えて少しサポート

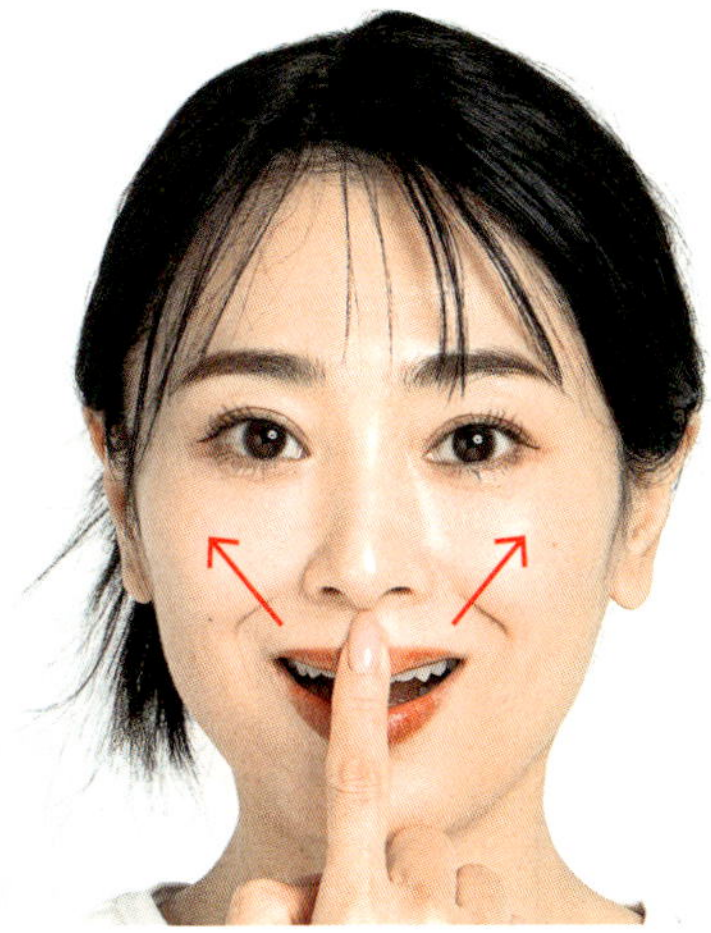

4

口角を上げるときに
縦に上げてしまう人
（ガミースマイル）

上唇の上に指をおく

5

耳の下に力が入りやすい人

手をグーにして咬筋を押さえ
反発し合わないように犬歯上から
斜め45度に口角を上げる

6

顔の中心がずれている人

笑ったときに頬が上がりづらいほうを
小指でサポートし、もう一方の手の
指を下唇の中央において軸をとり
均等に筋肉を使う

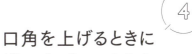

＼ 今日のトレーニング ／

TODAY'S 01 **基本の脱力スマイル**（P40） 10回×3セット

↓

TODAY'S 02 **「い」のポーズ** 10回×3セット

基本の脱力スマイルと組み合わせて行います。指でサポートしながら正しいポーズを目指しましょう。頬の下のたるみが気になる人におすすめです。

（ 期待できる効果 ）

- 頬下のたるみ解消
- フェイスラインの引き締め
- 頬こけ解消

TODAY'S 02 「い」のポーズ

1 脱力真顔になる

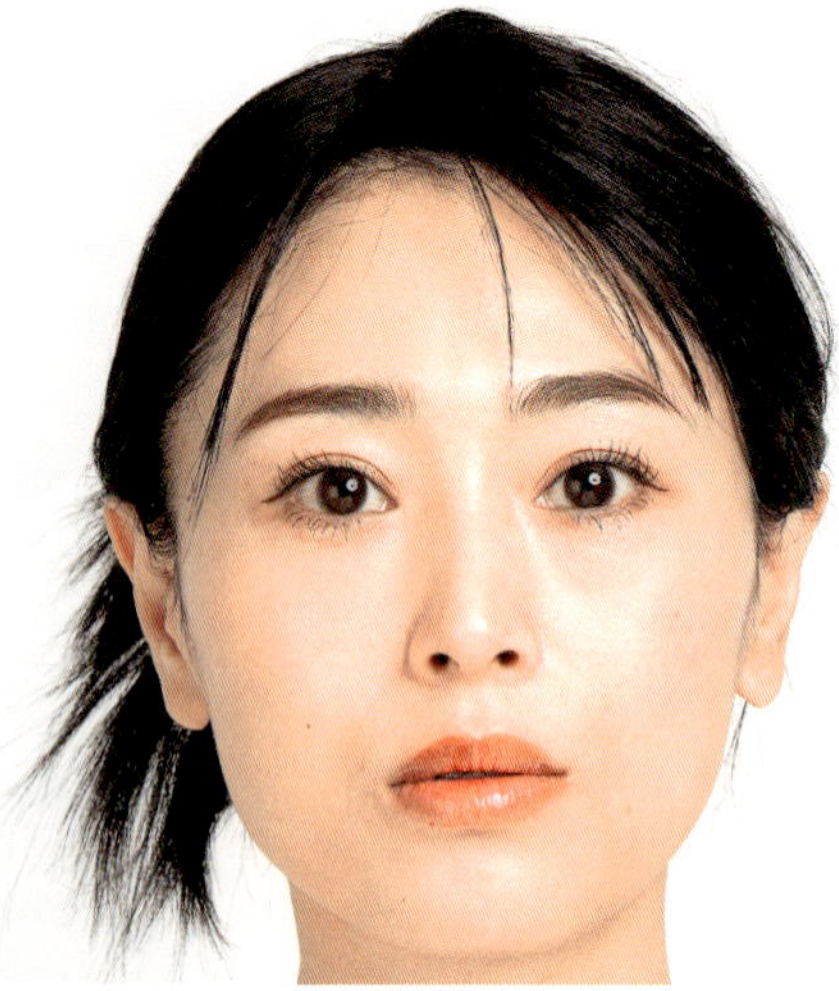

顔の全ての力を抜いて真顔になります。

2 口角を真横に動かす

人差し指を口角の横におき、前歯を見せて口角を真横に動かします。そのまま上の奥歯が見えるように口角を引きます。1〜2を10回くり返し、これを3セット行います。

この筋肉を意識しよう

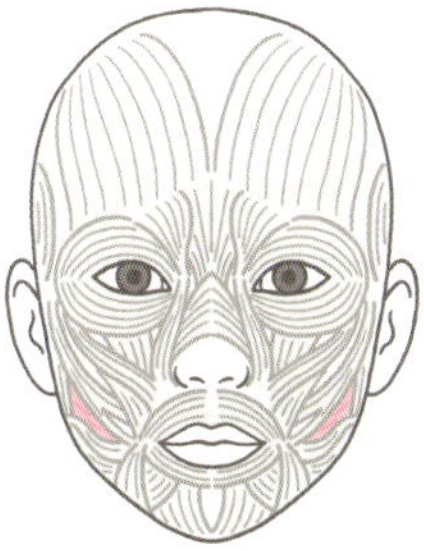

頬筋

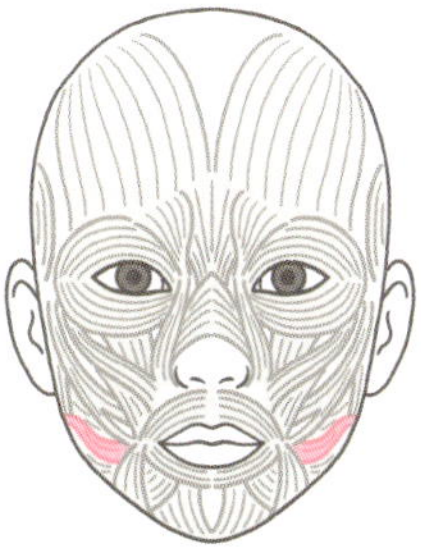

笑筋

ONE POINT ADVICE

ワンポイントアドバイス

うまく動かせないときは指で誘導してあげる

筋肉がないときや鼻の下に力が入るクセがあって指1本だと口角が動かせない人は、指2本で行ってみてください。舌を上に上げるとやりやすいです。

頬の中心に力を入れ口腔内は開く

力が入るのは頬の真ん中あたり。エラに力が入ると、逆に発達してしまいます。口角の端は硬くならずふわふわが正解！

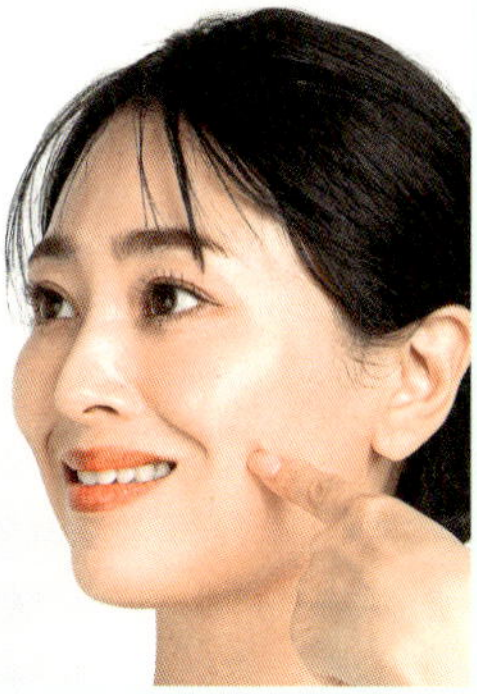

口角の横に力が入って、口腔内を締めないように注意。口の中にマシュマロが入っているイメージで。

これは NG!

頬に縦線が入っている

口角に力が入っていて、頬を内側から巻き込んでしまっている可能性があります。

鼻や首元に力を入れない

くの字のほうれい線が入ってしまいます。

下の歯が見えている

下の歯が見えているということは口角下に力が入っている証拠。

アヒル口になっている

口腔内など余計なところに力が入っています。

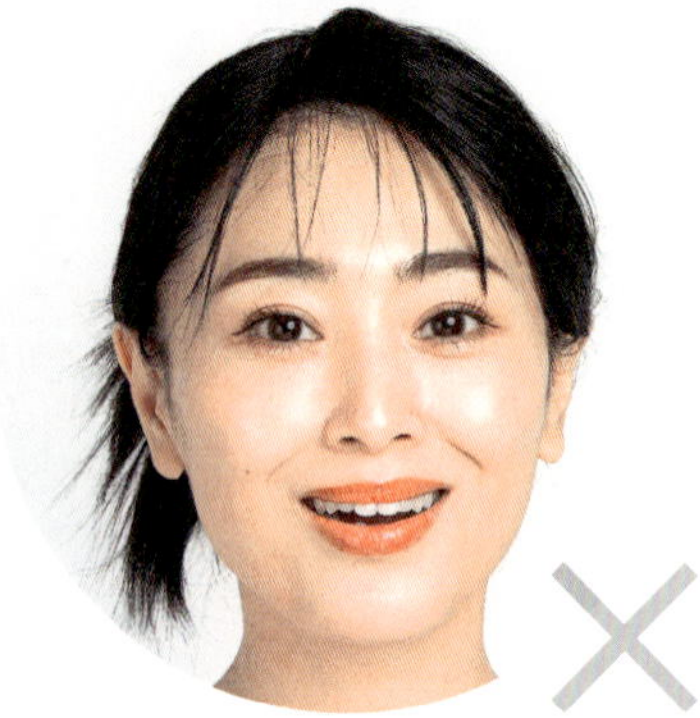

筋肉の道筋が違う

P58の「え」のポーズになってしまう人がいます。間違いではありませんが、得られる効果が違うので混同しないように気をつけて。

DAY 3

＼ 今日のトレーニング ／

TODAY'S 01 **基本の脱力スマイル**（P40） 10回×3セット

↓

TODAY'S 02 **「う」のポーズ** 3セット

↓

TODAY'S 03 **ふわふわの「う」のポーズ** 2セット

基本の脱力スマイルでクセを抜きながら、２種類の「う」のポーズで口輪筋を鍛えていきます。

（ 期 待 で き る 効 果 ）

- 口角横、顔全体のたるみ解消
- ほうれい線解消
- 人中短縮、マリオネットライン予防・改善

TODAY'S 02 「う」のポーズ

1 力を口のまわりに集める

唇を中心に寄せ、力を口のまわりに集めます。

2 唇の先を反らす

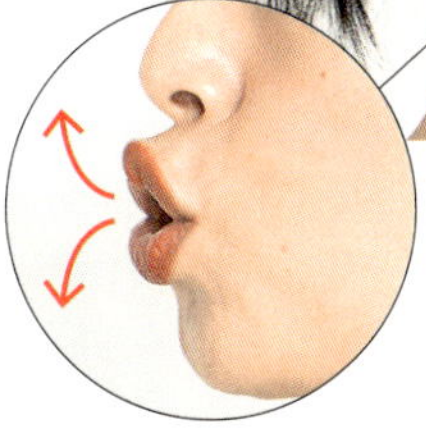

力を抜かず、小さい均等な穴をイメージして唇の先を反らします。

3 10秒キープする

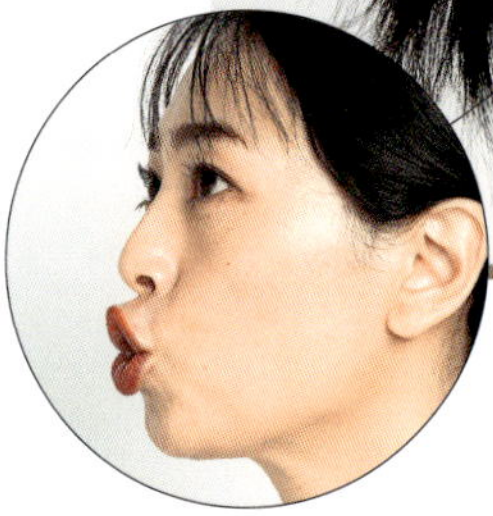

丸く空洞を作ったまま10秒キープします。穴がいびつな場合は指でサポートしてOK。1〜3を3セット行います。

やりすぎると鼻の下が
発達しすぎたり、
あごが分厚く
なってしまうので注意！

この筋肉を意識しよう

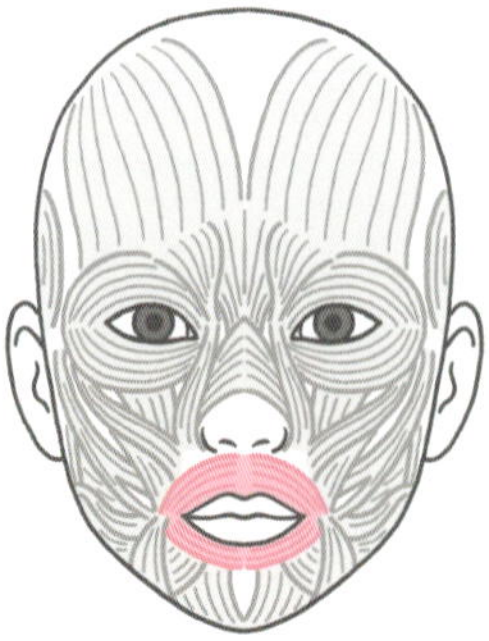

口輪筋

ONE POINT ADVICE

ワンポイントアドバイス

あごがボコボコする人はまずあごに手を添えて

1であごに力が入りボコボコしてしまう人は、あごに手を添えてサポートし、口をぽかーんと開けて、唇の内側をむぎゅむぎゅと近づけていくと力が入りにくいです。

指や手をおいてサポート

あごに力が入りやすい人は、あごを上にあげるクセがあるので、鼻の下に指を1本おくか、口の横に指をおいてサポートしてあげましょう。

これは
NG!

鼻の横が動いている

鼻の横の筋肉が動いていたら、余計な力が入っているということです。

唇自体に力が入っている

口のまわりに力を入れるため、唇自体はふわふわです。

空洞が横長になっている

空洞が丸ではなく横長になっているのは間違い。アヒル口になっても×。

応用編　クセが強い人は負荷をかけてみよう

うの口を作り、親指と人差し指で挟みます。
指は唇を押さえるように、唇は指に反発するように動かすとより負荷がかかります。

TODAY'S 03

ふわふわの「う」のポーズ

1 口を開けて脱力する

口まわりに力が入らないよう、ぽかんと口を開けます。

2 両手であごを押さえる

両手をあごに添えて押さえ、脱力できているか確認します。

3 脱力したまま「う」のポーズをする

力が入らないよう意識しながら、口を開く、すぼめるを10回くり返します。
両手をあごに添えて押さえ、脱力できているか確認を。1〜3を2セット行います。

この筋肉を意識しよう

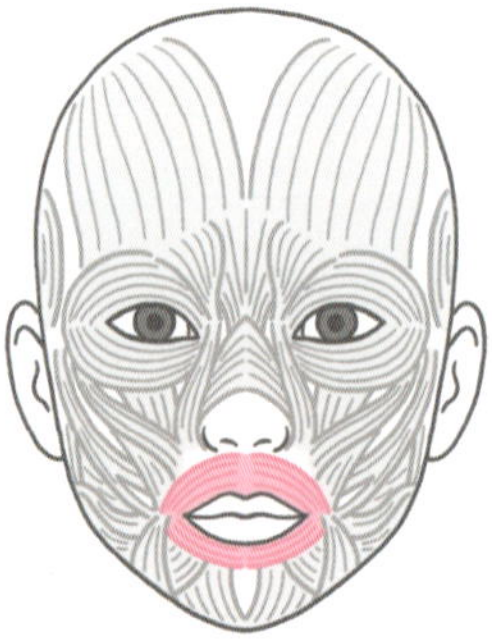

口輪筋

ONE POINT ADVICE

ワンポイントアドバイス

あごを持ってぷるぷる

3のポーズのときにぷるぷるしたら、あごの脱力ができているということ。

これは NG!

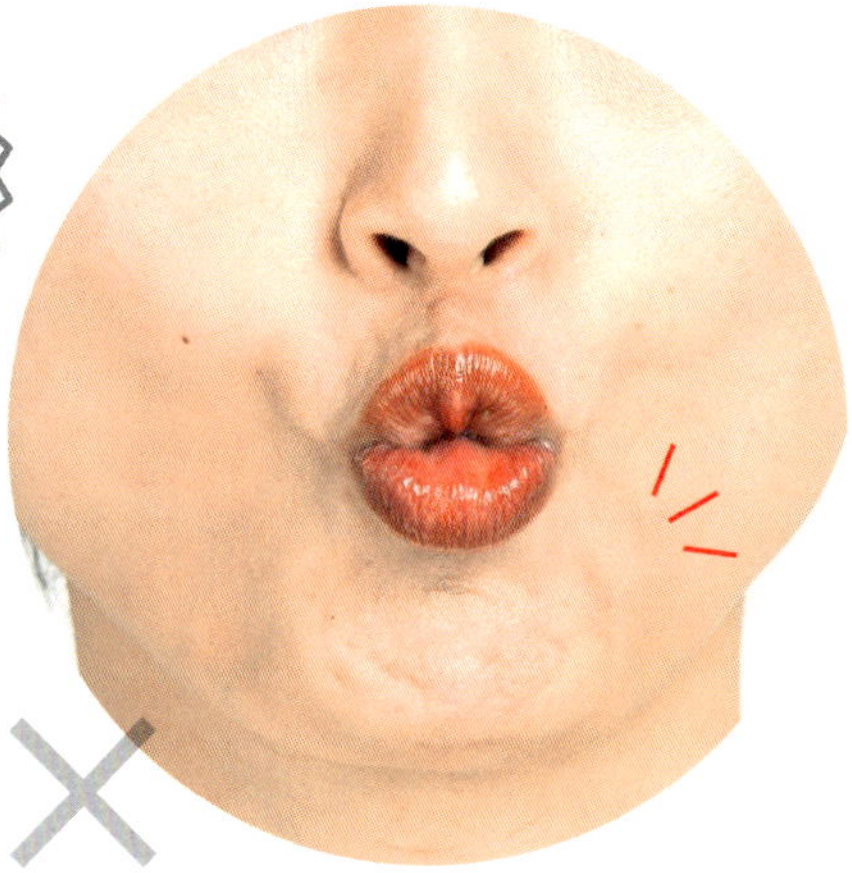

あごにシワができている

あごや頬に力を入れないように。梅干しシワが入っていたら×。

唇の先に力が入っている

力を入れるのは唇の先ではなく、口まわりの口輪筋です。

＼ 今日のトレーニング ／

TODAY'S 01
「い」のポーズ（P46）

TODAY'S 02
「う」のポーズ（P49）

TODAY'S 03
「ほ」のポーズ

い・う・ほのポーズを各1回ずつ×20セット

「ほ」はストレッチ効果があるポーズ。ストレッチ不足だと筋肉が硬くなってしまうので、筋トレとこのトレーニングをバランスよく行ってしなやかな筋肉を作っていきましょう。

（ 期待できる効果 ）

- 頬のたるみ、ほうれい線解消
- 人中短縮
- ストレッチでしなやかな筋肉に

TODAY'S 03
「ほ」のポーズ

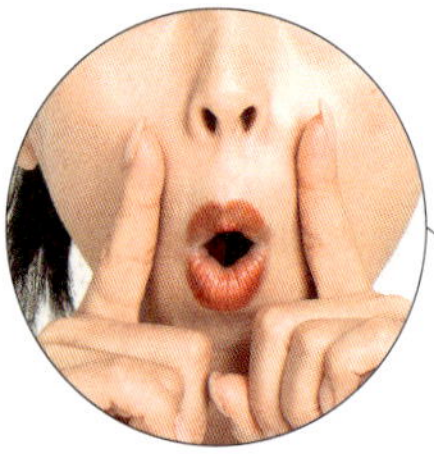

あごがガコンと落ちないよう、鼻の横を縦に伸ばすイメージで

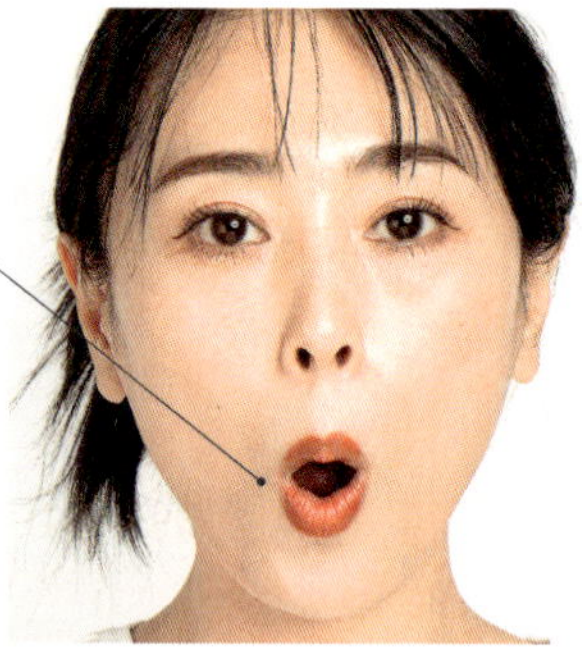

1 顔全体を伸ばす

鼻の下、目の下、頬の全てを伸ばします。

⇓

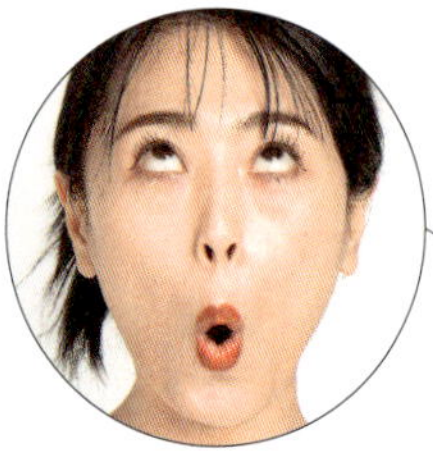

おでこにシワが寄らないように注意！

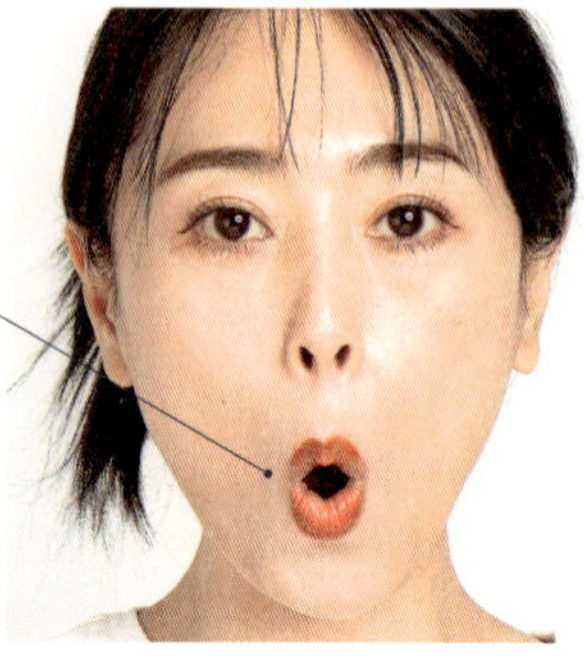

2 口角を寄せて縦長の穴を作る

口角を中央に寄せ、縦長の穴を作って5秒キープ。余裕があれば、力を抜かず顔は正面を向いたまま目線だけ上へ上げてみましょう。

この筋肉を意識しよう

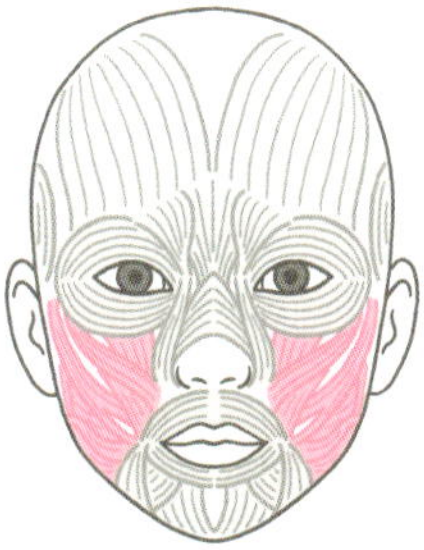

頬全体

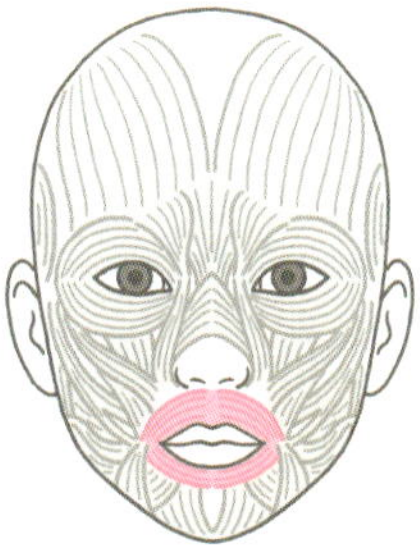

口輪筋

これは NG!

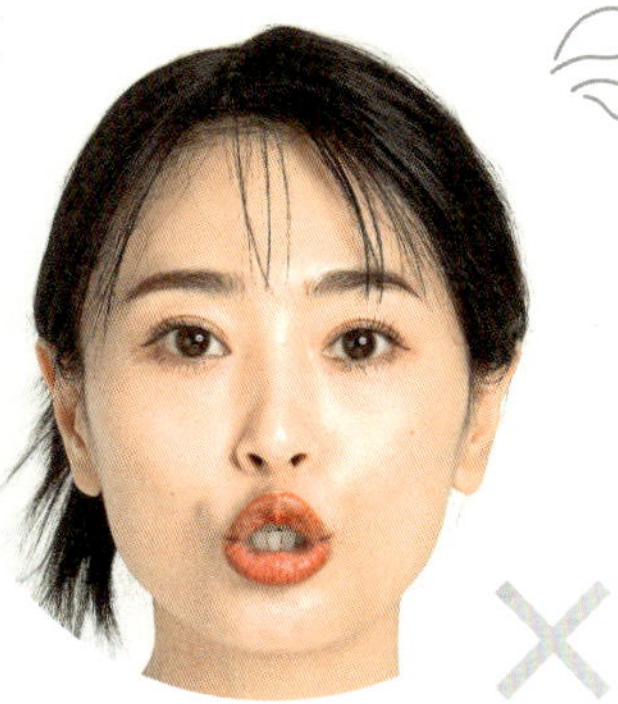

空洞が横長になっている

空洞が丸ではなく横長になっているのは間違い。アヒル口になっていても×。

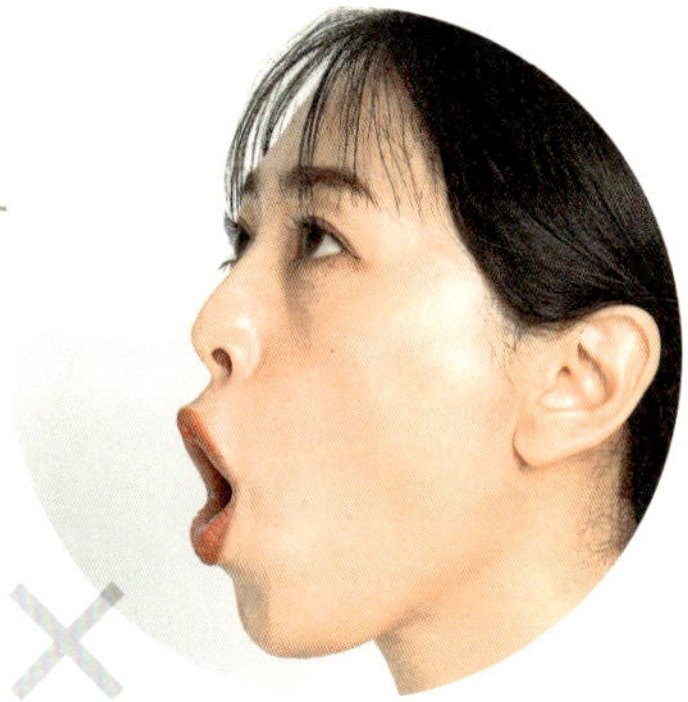

唇が反り返っている

鼻の下を伸ばさず唇が反り返っていると、ストレッチ効果が半減します。

ONE POINT ADVICE

ワンポイントアドバイス

前歯を覆うイメージで伸ばす

ちゃんと口輪筋が使えているか意識しながら、前歯を覆うイメージで顔全体を伸ばします。舌を上に上げながら耳あたりを押さえると、耳の下がボコッと出づらいです。

＼ 今日のトレーニング ／

TODAY'S 01 「え」のポーズ 3セット

TODAY'S 02 目元ピース 2セット

TODAY'S 03 目力ポーズ 2セット

基本の脱力スマイルと動かす筋肉の方向は同じで、さらに負荷をかけたトレーニング。
目元ピースと目力ポーズを組み合わせることで、目のまわりも鍛えます。

（ 期 待 で き る 効 果 ）

- ほうれい線解消
- クセが抜けて優しい上品な笑顔が作れる

TODAY'S 01 「え」のポーズ

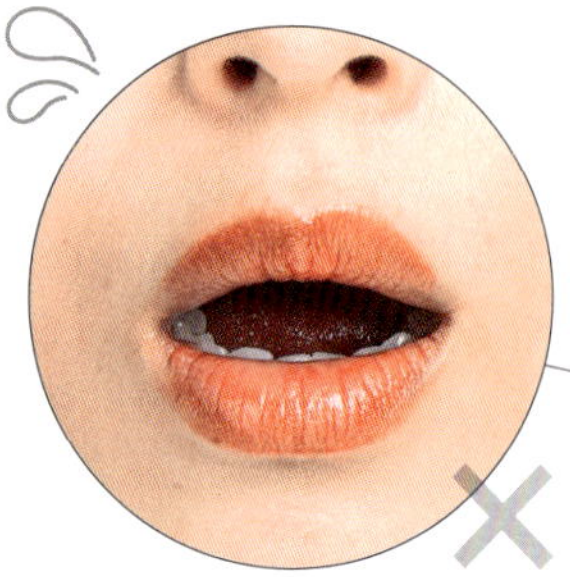

奥の歯まで見えすぎていたらあごに力が入っている証拠。

1

口を指1本分開ける

全ての力を抜き、口を指1本分開けます。

2 斜め45度に頬を上げる

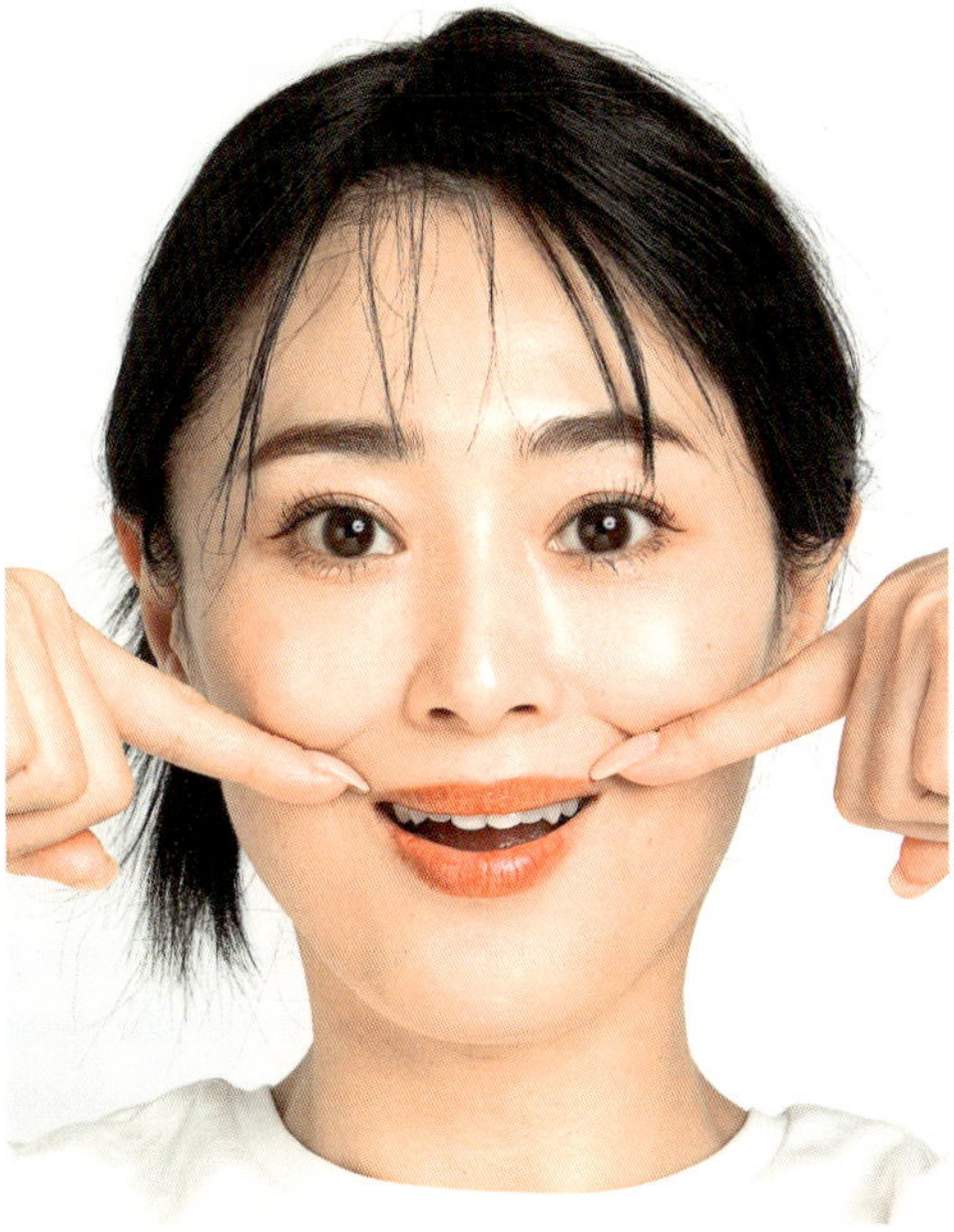

基本の脱力スマイルと同じく、大頬骨筋と小頬骨筋を意識しながら、犬歯の上から斜め45度に頬を持ち上げます。

3 力がこめかみを通り抜けるように頬を引き上げる

力がこめかみを通り抜けるように頬を引き上げ、そのまま10秒キープ。頬を押しつけないように気をつけてください。1〜3を3セット行います。

この筋肉を意識しよう

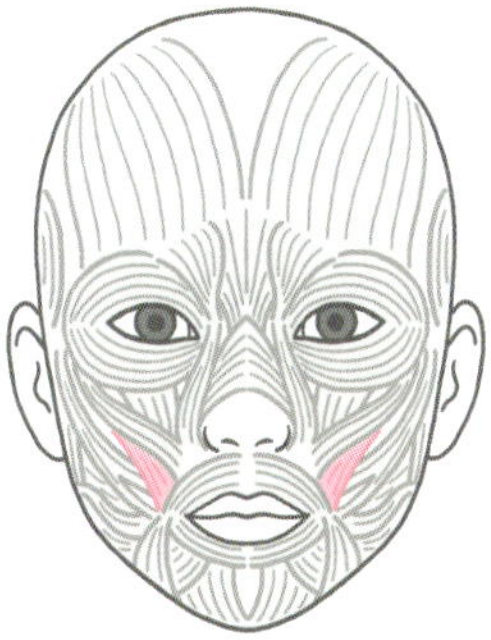

口角挙筋

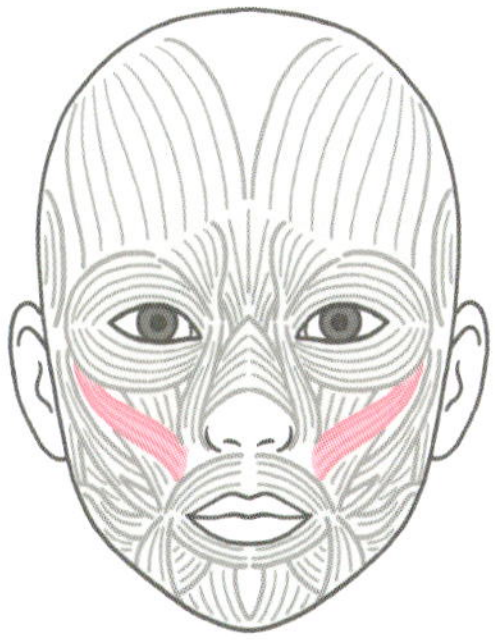

小頬骨筋

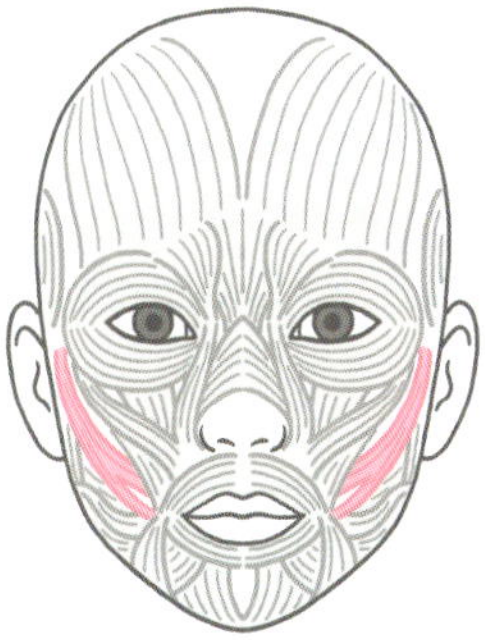

大頬骨筋

ONE POINT ADVICE

ワンポイントアドバイス

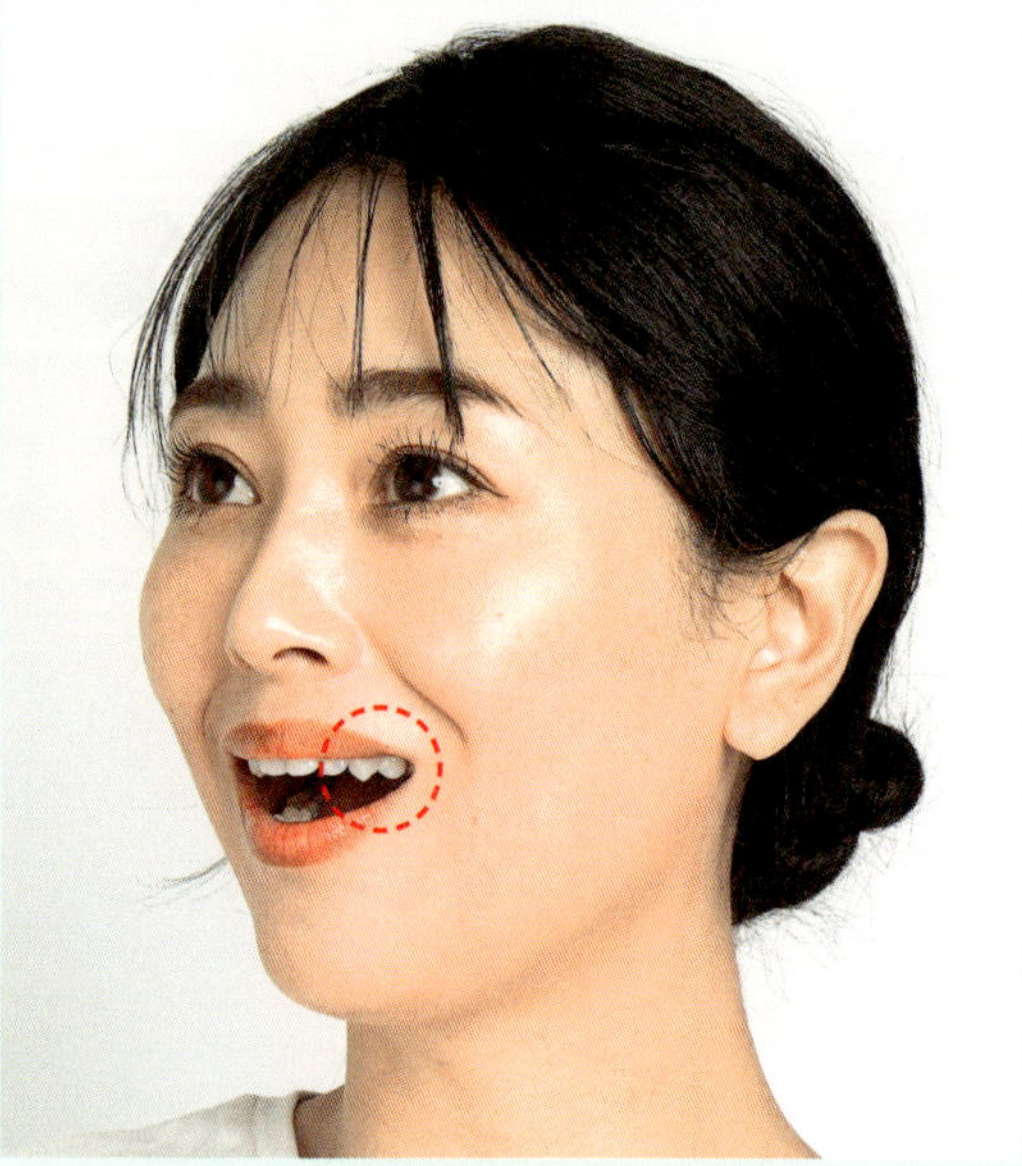

犬歯を見せるように意識する

脱力スマイルと同じように、上頬と歯茎の間に空気が入るイメージでふわっとさせて。犬歯を見せるように頬を持ち上げ、前歯がキレイに見えるようにします。

口を逆三角形にする

口角が横に開かないように意識し、口が逆三角形になったらそのままキープします。下の歯が見えていないかもチェック！

「ファ」と言いながら行う

頬裏に力が入りやすい人は、「ファ」と言いながらポーズをとってみてください。口腔内が広がります。

これはNG!

顔の中心に力が入っている

鼻横や目元などにくしゃっと力が入っていたら×。

口角横に縦線が入っている

口角の下を締めつけてしまい、下の歯が見えて口角の下にシワも出現。

筋肉の道筋が違う

上唇挙筋に力が入って鼻の横が上がってしまっている状態。

下唇を巻き込んでいる

頬を締めつけて下唇を押しつけているため、シワが深く入っています。

TODAY'S 02

目元ピース

（期待できる効果）

- 目元のむくみ解消
- クマ・涙袋・目の下のたるみ解消
- 目の下のシワ改善

1 眉と目の下を軽く押さえる

裏ピースをするように人差し指を眉の下、中指を目の下において軽く押さえます。

2 遠くの一点を見つめる

目はキョロキョロせず、遠くの一点を見つめます。

3 下まぶたを引き上げる

目頭にシワが寄ってしまう人は、下まぶた中央と目尻に指をあててサポートを

太陽を見たときの眩しい目のように、下まぶたを下から上に10回引き上げます。下まぶたがポコッと硬くなればOK。1〜3を2セット行います。

この筋肉を意識しよう

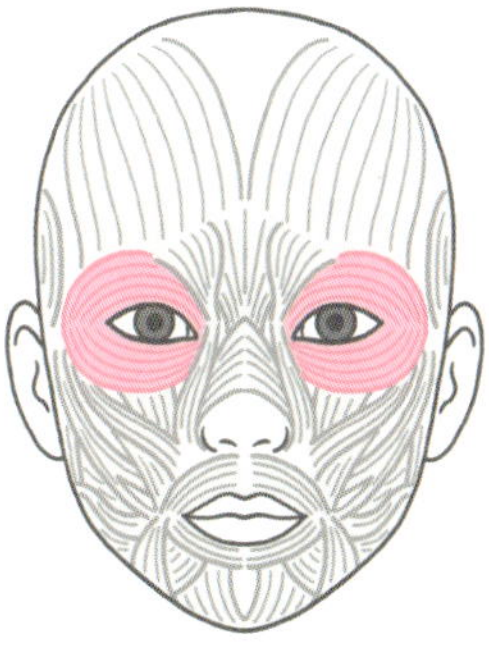

眼輪筋

ONE POINT ADVICE

ワンポイントアドバイス

目元に力が入る人は 人差し指でサポート

力が入って目が閉じやすい人は、人差し指で眉下を支えながらまぶたを持ち上げてもOK。

舌噛み or「ほ」のポーズで脱力

口元に力が入ってしまう場合は、少し舌を噛むと脱力できます。また、頬が上がってしまう人は口を「ほ」のポーズ（P56）にして力を抜きましょう。呼吸を止めないように注意して。

これは NG!

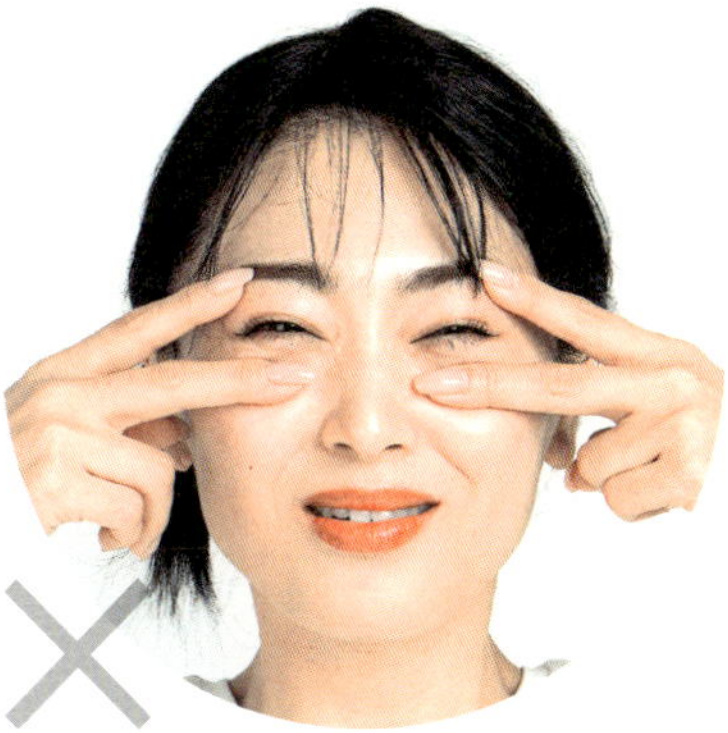

頬の筋肉で押し上げている

下まぶたが硬くなっていなかったら、眼輪筋ではなく頬の筋肉で押し上げている可能性があります。

目をつぶっている

筋肉を使わずにただ目をつぶっているだけだと効果は得られません。

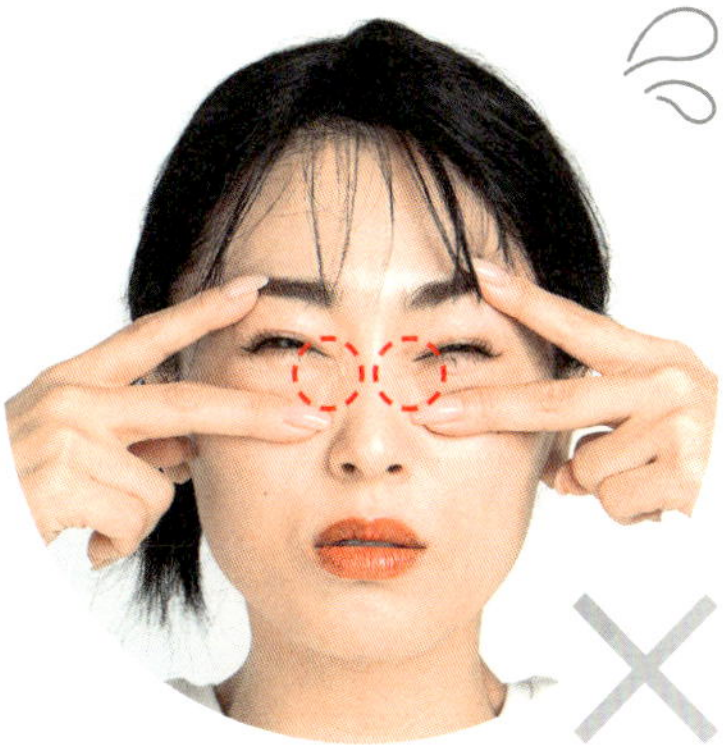

目頭にシワが寄っている

中心に向かって力が入り目頭にシワが寄っていたら筋肉の道筋が間違っています。

眼輪筋にアプローチできるようになったら下まぶたを軽く押さえるだけでポーズがとれるようになります

TODAY'S 03

目力ポーズ

（期待できる効果）

- 目のくぼみ解消、目力アップ
- 上まぶたのたるみ解消
- おでこのシワ解消

1 おでこを押さえ目を細める

眉が上に上がらないようにおでこを手のひらで押さえ、目を細めます。

2 眼輪筋で目を見開く

眉が上に上がらないように眼輪筋だけを使って目を見開きます。1〜2を10回くり返します。このときおでこにシワが入らないように注意。

3 目線を上に上げる

おでこを押さえたまま、ゆっくりと目線だけを上に上げ、上まぶたに力を入れ5秒キープ。つむじを見るイメージで。1〜3を2セット行います。

ONE POINT ADVICE

ワンポイントアドバイス

前頭筋《ぜんとうきん》を使わないで目を見開く

前頭筋（眉を上げるおでこの筋肉）ではなく、眼輪筋や上眼瞼挙筋を使って目を見開きましょう。歌舞伎の見得《みえ》をイメージするとやりやすいです。

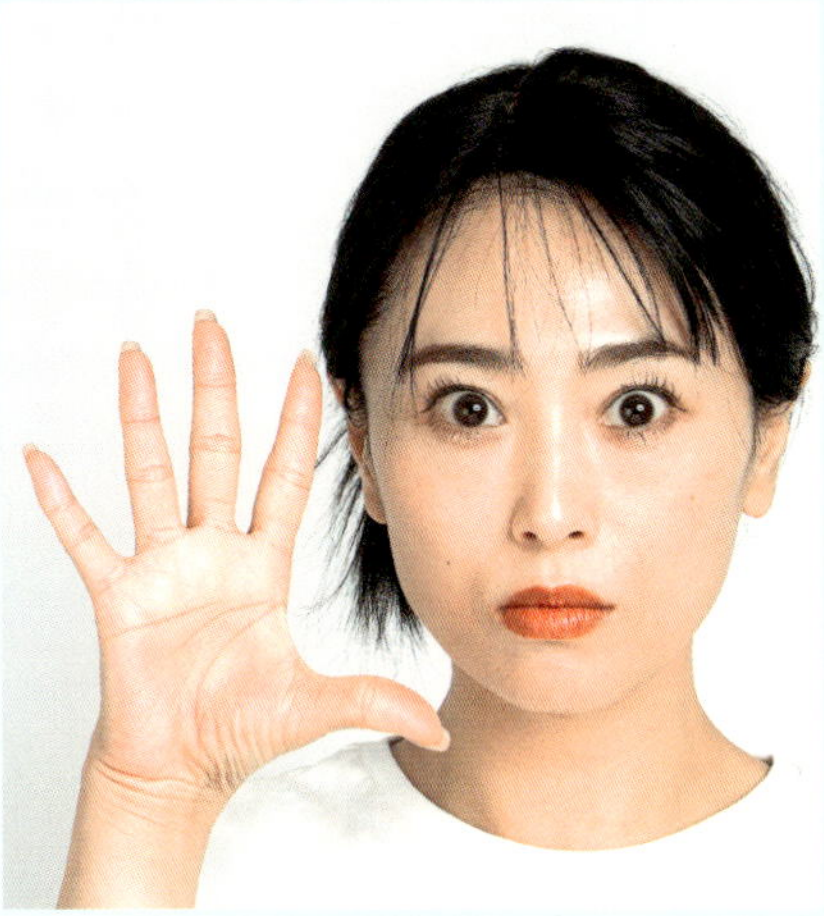

目を見開くと同時に手を開く

2がうまくできない場合は、もう一方の手を開きながらだとやりやすいです。

この筋肉を意識しよう

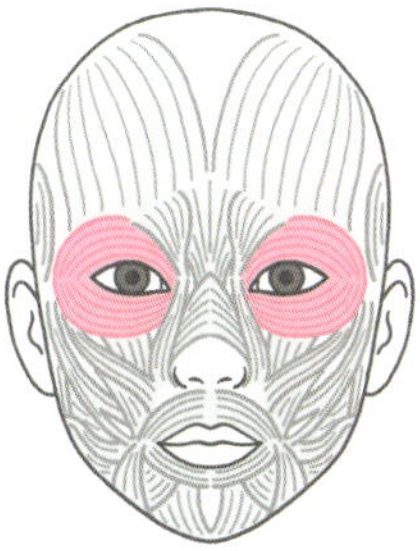

眼輪筋、上眼瞼挙筋

これはNG!

眼輪筋が使えていない

目を見開くときにびっくり顔になってしまっていたら、眼輪筋が使えていないということ。

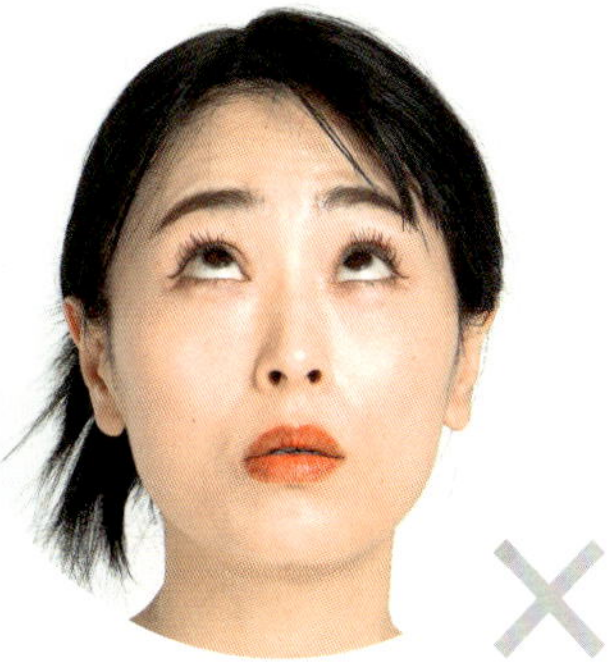

眉も一緒に上がっちゃう

前頭筋を使うと眉も一緒に上がってしまい、おでこにシワが寄りやすくなってしまいます。

DAY 6

＼ 今日のトレーニング ／

TODAY'S 01 「え」のポーズ（P58） 3セット

↓

TODAY'S 02 目元ピース（P62） 2セット

↓

TODAY'S 03 「い」のポーズ（P46） 10回×2セット

3つのポーズの組み合わせで、表情グセを抜きながら顔全体を鍛えていきます。
やりすぎは厳禁ですが、気になるところがあれば回数を増やしてみてください。

TODAY'S 01 「え」のポーズ

力がこめかみを
通り抜けるように頬を
上げて10秒キープ

犬歯上から斜め45度
に頬を上げる

脱力し口を
指1本分開ける

TODAY'S 02 目元ピース

人差し指と中指で眉下と目の下を軽く押さえる

遠くの一点を見つめる

下まぶたを下から上に10回引き上げる

TODAY'S 03 「い」のポーズ

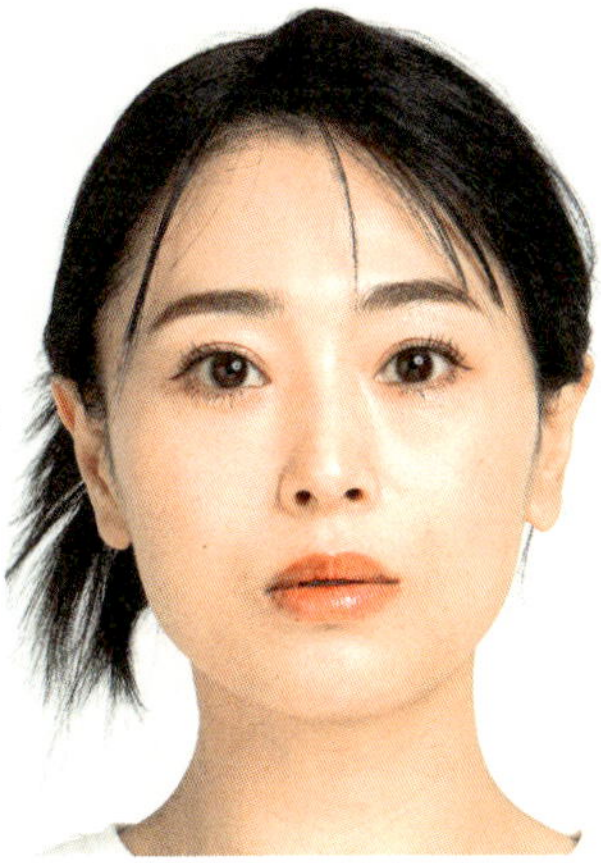

脱力真顔になる

口角を真横に動かして10回引く

＼ 今日のトレーニング ／

7つのポーズ

最後の1日は、覚えた7つのポーズを通しでやっていきます。
余計なところに力が入らずしっかり脱力できているか、
筋肉の道筋は合っているか確認しながら行いましょう。

TODAY'S 01 基本の脱力スマイル（P40） 2セット

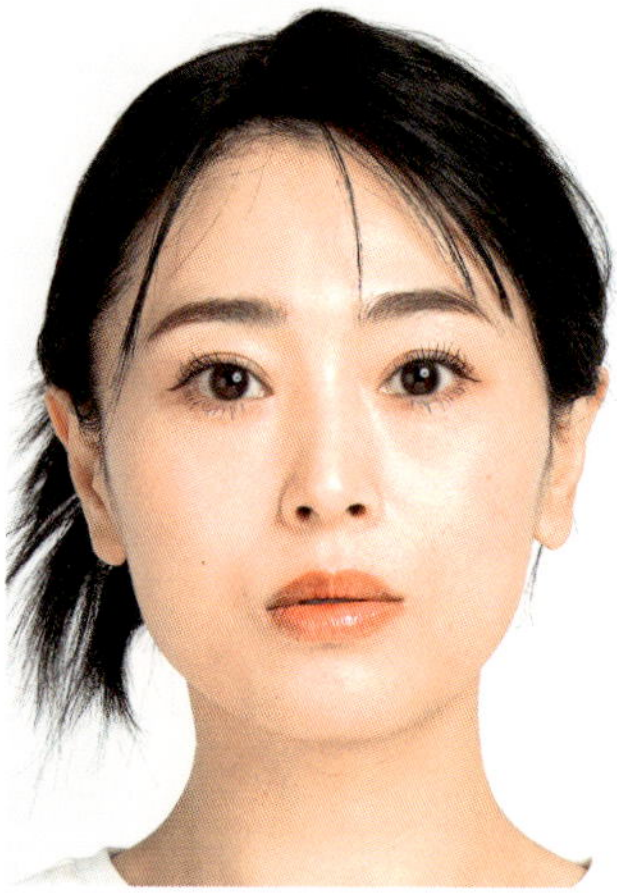

脱力真顔になる

犬歯の上をふわっとリラックス

犬歯上から斜め45度に頬を上げる

完成！

TODAY'S 02 「え」のポーズ(P58)

2セット

脱力し口を
指1本分開ける

犬歯の上から斜め
45度に頬を上げる

力がこめかみを
通り抜けるように頬を
上げて10秒キープ

TODAY'S 03 目元ピース(P62)

2セット

人差し指と中指で眉下
と目の下を軽く押さえる

遠くの一点を見つめる

下まぶたを下から上に
10回引き上げる

TODAY'S 04

目力ポーズ（P66）

2セット

目線を上に上げて
5秒キープ

眼輪筋を使って
目を5回見開く

おでこを押さえ
目を細める

TODAY'S 05

「い」のポーズ（P46）

2セット

口角を真横に
10回引く

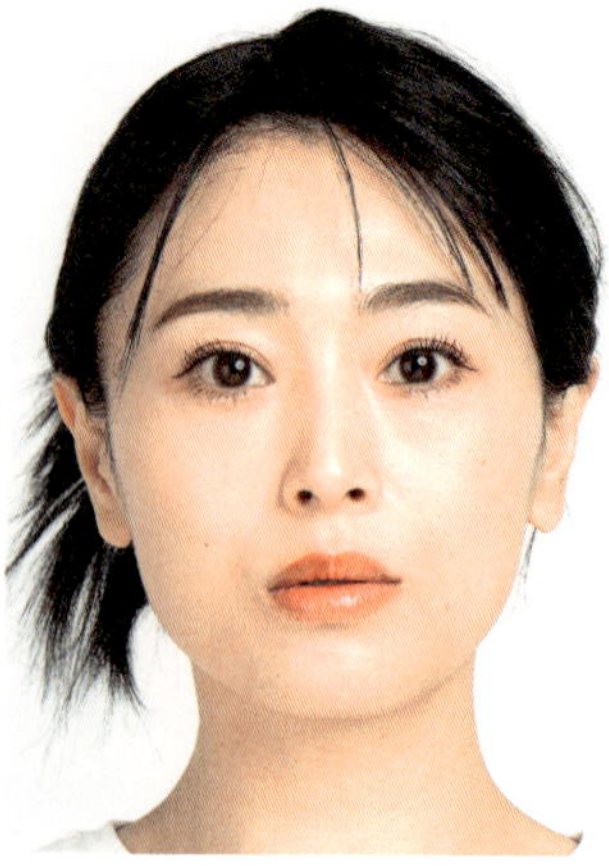

脱力真顔になる

TODAY'S 06

「う」のポーズ（P49）

2セット

丸く空洞を作ったまま
10秒キープ

力を抜かず
唇の先を反らす

力を口のまわりに
集める

TODAY'S 07

「ほ」のポーズ（P56）

2セット

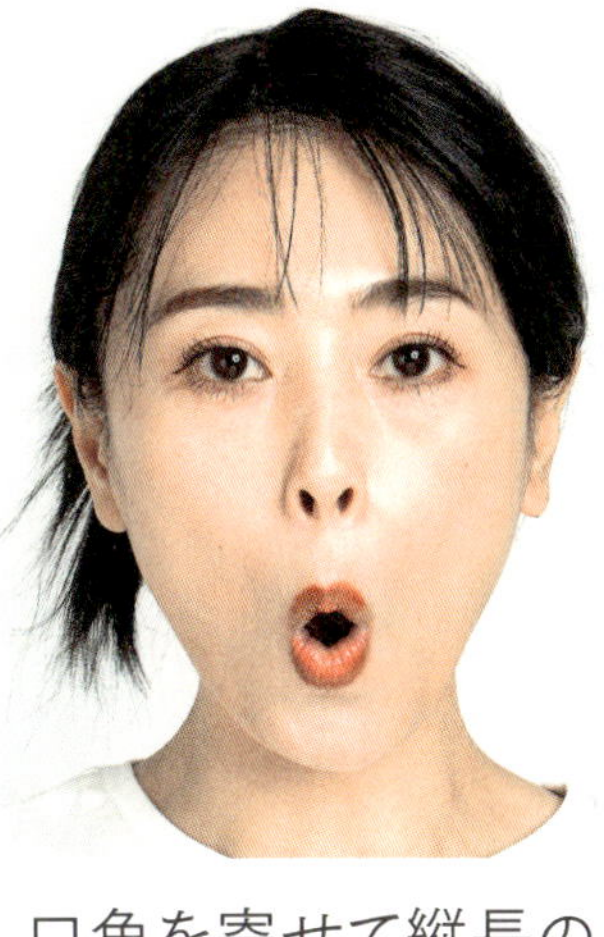

口角を寄せて縦長の
穴を作り10秒キープ

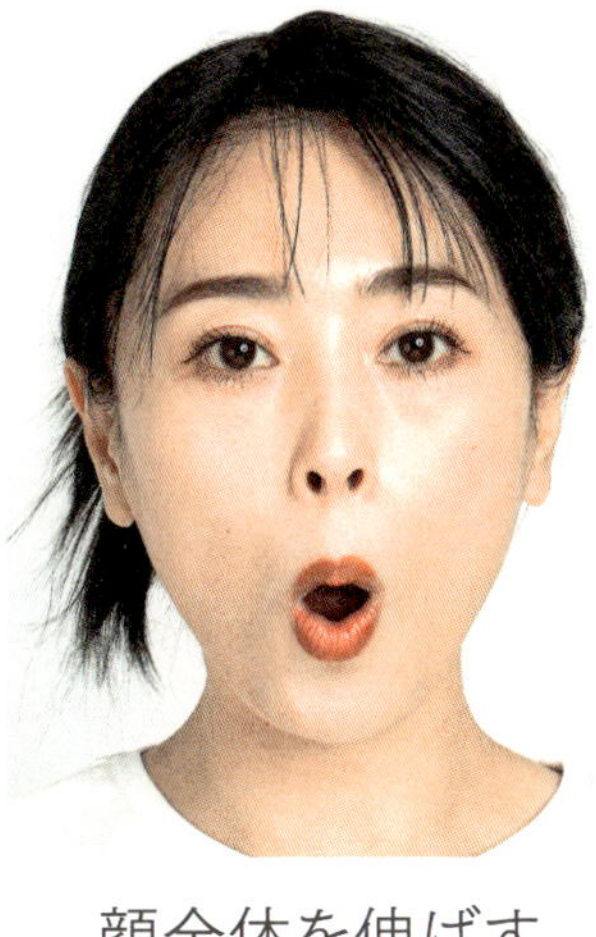

顔全体を伸ばす

お疲れ様でした！

7日間でどう変わった？

7日間メソッドをモニターさんに実践してもらいました！

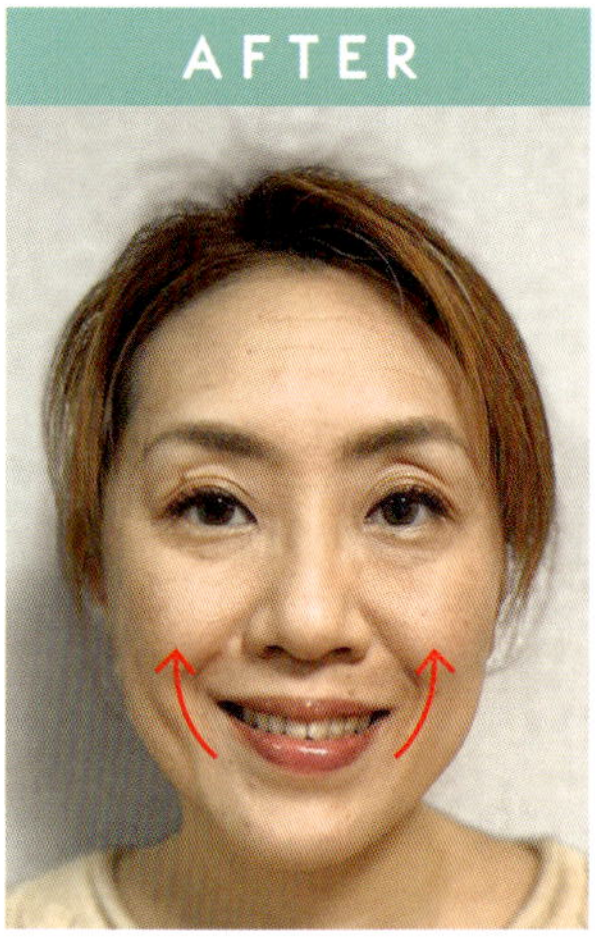

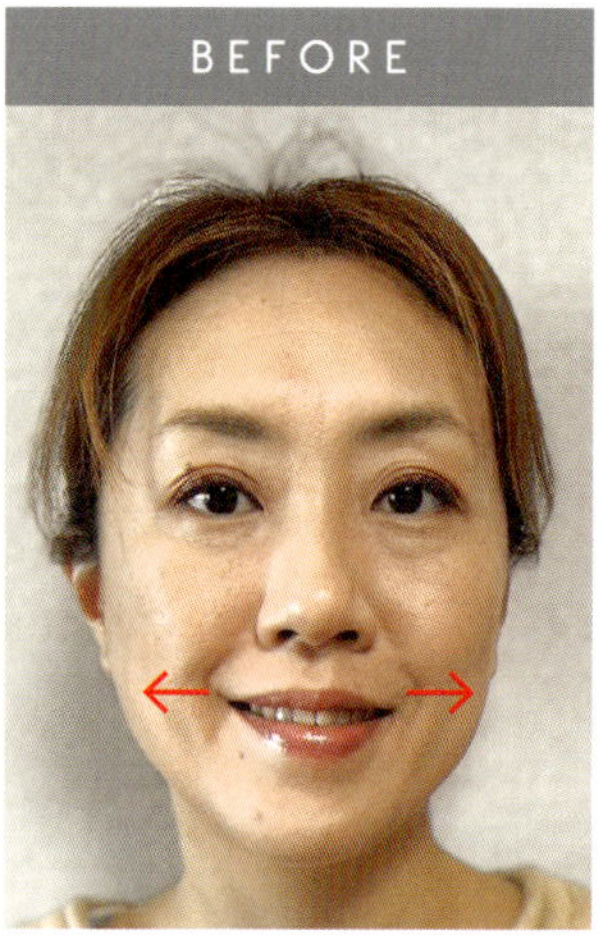

杉山万里子さん（40代）

自分の顔のクセが強すぎることや、顔にコリがたくさんあることに今回のレッスンで気づくことができ、への字や口を開けて過ごす時間が少しずつ減ってきました。笑ったときに口角に二重のシワがあったのですが、それもだいぶ薄くなってくれてうれしいことばかりです。

笑顔のときは口角が均等に上がるようになり、中顔面が短縮していますね。さらに、力をかける向きが斜め45度に変わり、顔の下半分のムダな力みがなくなってエラ付近がシャープになりました。

尾崎未実さん（20代）

はじめは脱力の感覚や筋肉を使う感覚がつかめず、先生のマネをするのに精一杯。でも、少しずつ自分の筋肉の感覚やクセがわかるようになってきて、4日目から変化を感じ始めました。少し動かしやすくなった！とか、今ちょっとできた気がする！とかの小さな変化が楽しくて。継続したら絶対変化が出る！と楽しみながら取り組めました。

輪郭がシャープに引き締まり、力みが消えましたね。笑顔のとき、口角がリラックスできていて、上唇下唇がぷっくりしています！

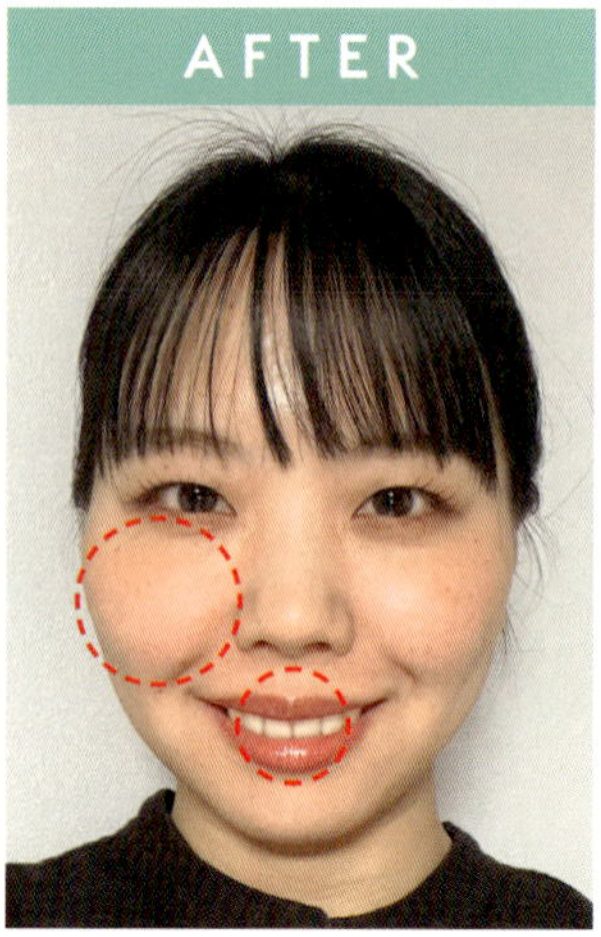

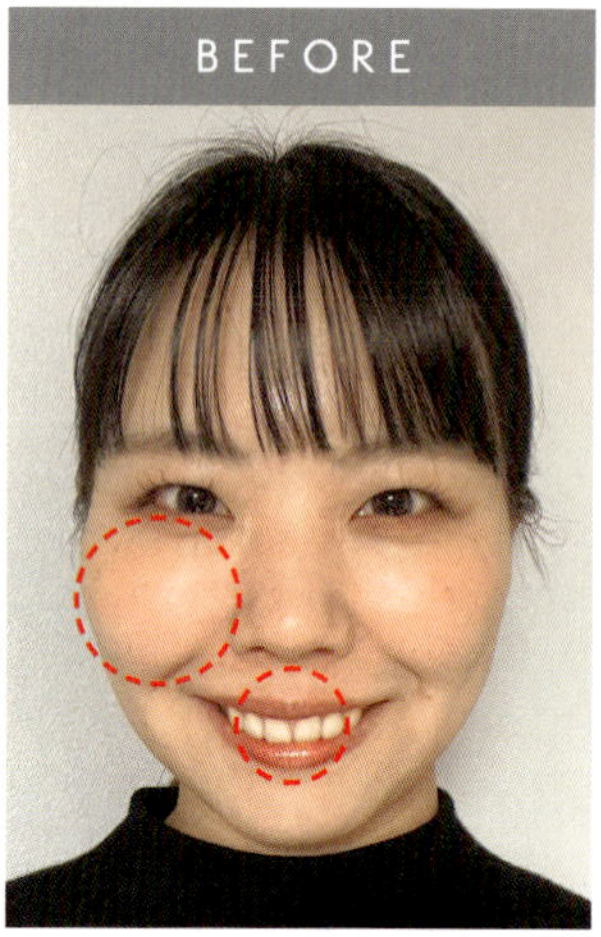

AFTER

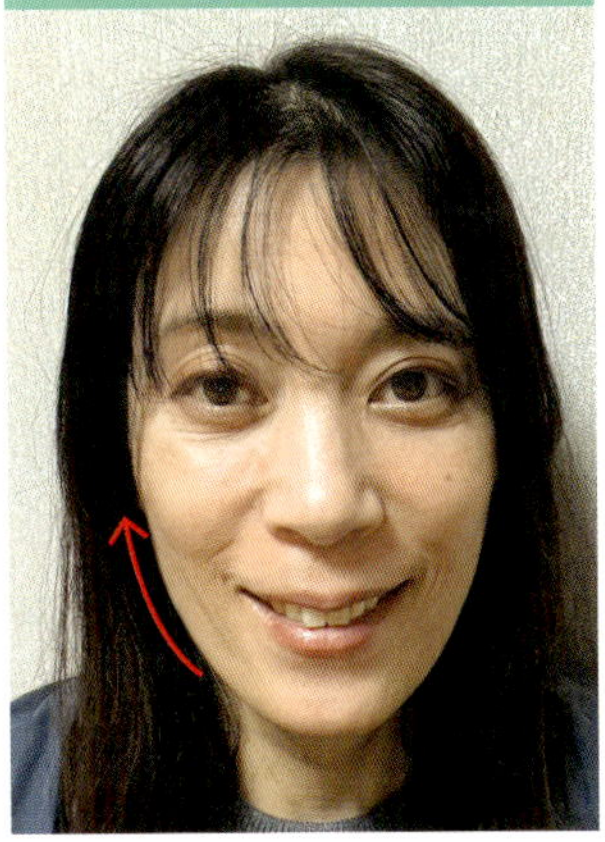

BEFORE

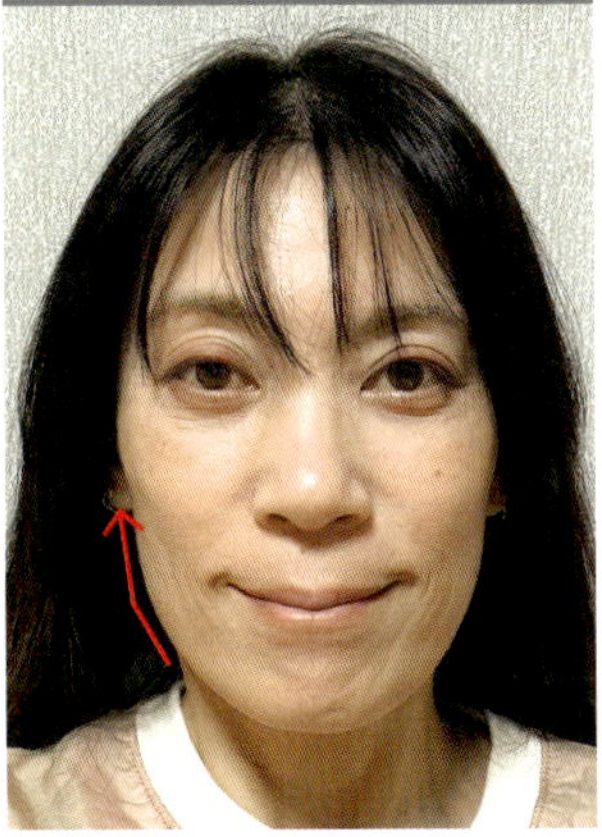

田村千鶴さん（50代）

途中経過は自分ではわかりませんでしたが、7日間終了後は目がはっきりしたのと、口の横のモタつきが減ったように思います！ 3セットなら、毎日負担にならずにできました。「上唇をより鍛えなければ」という課題も見つかって、チャレンジしてよかったです。

エラが目立たなくなり、お顔が引き締まって小顔になりましたね！ 笑うと自然に歯が見えるようになり、あごのボコボコも消えています。

霍間祐子さん（30代）

7日間、どんなハードな内容でも絶対取り組む！という意気込みでしたが、全く大変ではなく、むしろ楽しくて隙間時間に気軽に取り組めました。優しい笑顔の自分を見るのが楽しくなり、変顔の自分は笑えて楽しく、変化していく顔に感動していました！

フェイスラインが引き締まり、目の力み・口角下の力みがなくなりましたね。ムダなシワが減っておだやかな優しい笑顔に！ 涙袋が出現して頬がふっくらした印象です。

AFTER

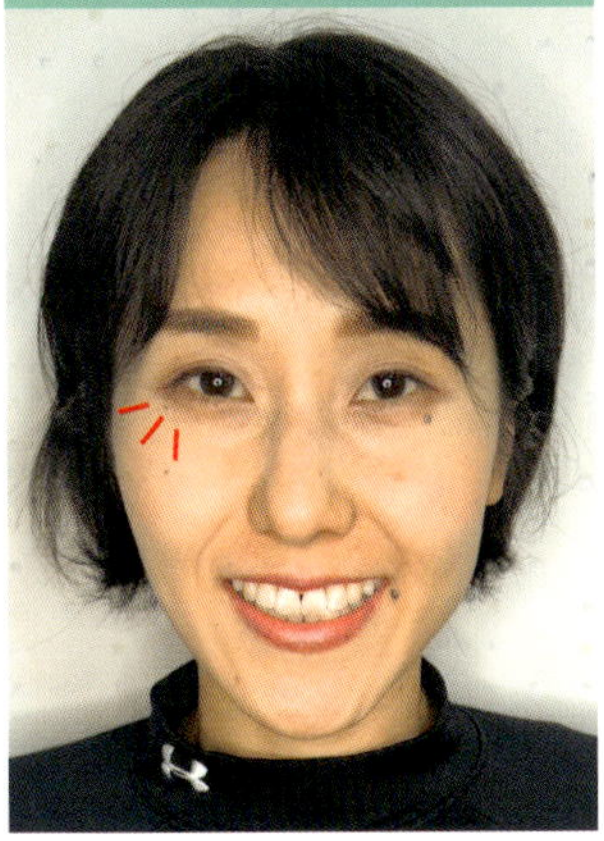

BEFORE

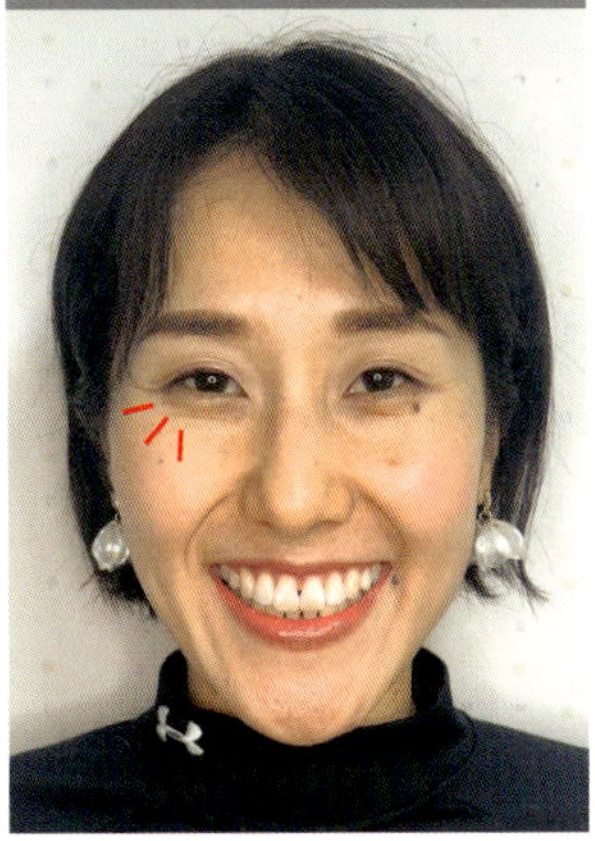

AFTER

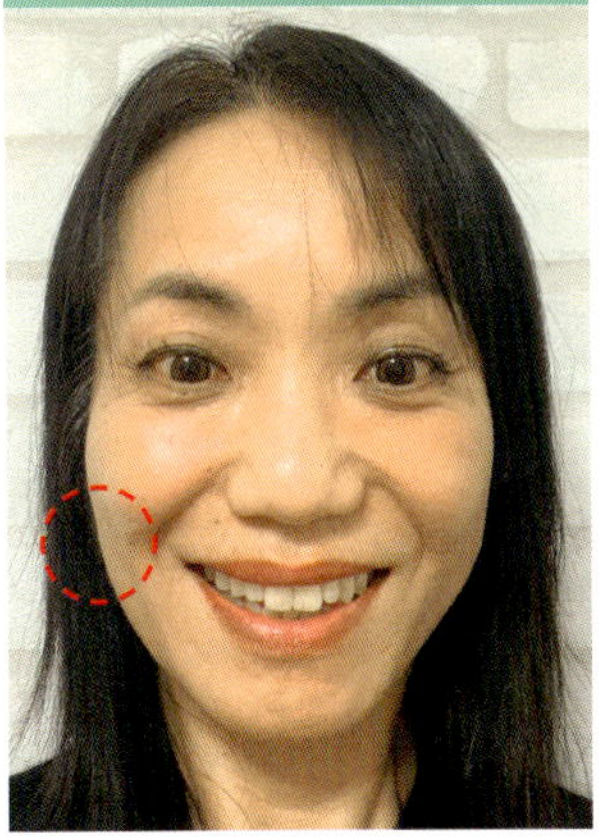

BEFORE

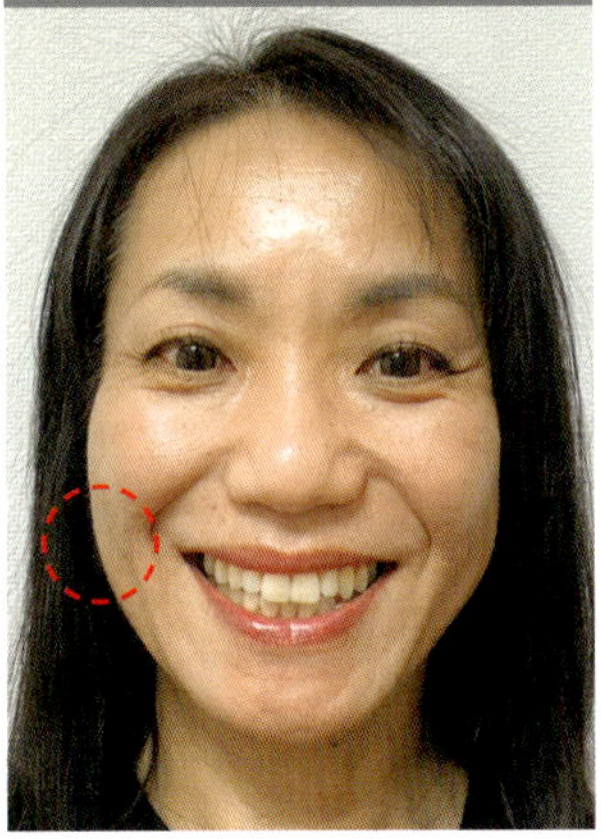

松本和子さん（50代）

正直1週間で変わるんだろうかと半信半疑でしたが、ちゃんとやれば年齢に関係なく変化するんだなと実感しました。最初は顔のクセが強く、どう動かして、どこに力が入ってるのが正解なのかがわからず迷子でした。でも自分改善の仕方をわかりやすく教えていただけたので、途中からあっ！と感じる瞬間が出てきました。

シワが軽減し、あごがシャープに。目の開きがよくなって顔のパーツがはっきりしました。目尻や咬筋の脱力ができていて、笑顔がやわらかです。

よくある質問Q＆A

ポーズをとるときの舌の位置はどこ？

A

舌は下の歯にはつかず、宙ぶらりんでＯK。筋力が不足していたり、クセが強い状態のうちは、舌を無理に上げることでポーズが崩れたり、硬直しやすくなってしまいます。**基本の脱力スマイル（P40）や「え」のポーズ（P58）、カメレオンスマイル（P82）が上手にできるようになってから、**上あごに自然につけられるようにしましょう。

顔の歪みは直る？

A

骨の歪みは骨格から直す必要がありますが、**筋肉による歪みなら改善の余地はあります。**裏技を使って均等に鍛えたり、筋肉が弱いほうだけを多めに鍛えるなどしてみてください。すりつぶすように噛む、寝る向きや頬杖など、日常生活のクセも抜いてからトレーニングを！

人中《じんちゅう》を短縮することはできるの？

A

口輪筋が原因と言われていますが、**表情グセで鼻の下が凝り固まって人中（鼻と上唇の間にある縦の溝）が伸びている場合も。**歯を隠す習慣があると、長年そこに圧がかかって凝りも発生します。軽やかに上唇を上げられるように、基本の脱力スマイルを何度もやってみて！

頬骨や頬肉が出すぎ…これ以上頬を大きく見せたくない！

A

外側に出っ張る頬を内側に引っ込めたい場合は、**上唇挙筋（頬の内側）を鍛えると女性らしい頬になります。**肉づきのいい頬は、たるんでしまう前にある程度は鍛えておいたほうがいいので、力の入れ方に注意しながら頬の筋トレを適度に行いつつ、輪郭をフラットにするため「い」のポーズ（P46）で頬の下にも弾力をつけましょう。

CHAPTER 3

LEVEL UP TRAINING

鍛えたい筋肉を意識して
気になる部分にアプローチ！

お悩みを解消し
理想の顔をデザインする
ピンポイントトレーニング

LEVEL UP TRAINING

クセが抜けたら重点的な筋トレで悩みを解消して理想の顔をデザイン

2章では、表情グセを抜くトレーニングや、バランスよく適度に筋肉をつけるということをメインに行いました。表情グセは長年の習慣なので7日間でゼロにすることは難しいですが、続けることでうまく脱力できるようになっていくはずです。「基本の脱力スマイル（P40）」は、7日間で終わらせず隙間時間に続けていくといいでしょう。クセが抜けるとシワが目立たなくなるうえに、未来のシワの予防にもなります。

　表情グセが抜けた状態でトレーニングをすると、ムダな力みがない状態で筋肉を正しく鍛えられるため、顔のたるみやフェイスラインの引き

効果的に表情筋を鍛える方法

1

適度なトレーニングを心がける

表情筋トレーニングは、1日5〜10分程度、週3〜5回で十分です。やりすぎは筋肉疲労を招くため避けましょう。筋肉に適度な休息を与えることで、トレーニング効果が高まります。基本の脱力スマイル（P40）は毎日やって構いません。

2

全体のバランスを意識する

特定の筋肉に偏らないよう、頬や口元、目元など、顔全体の筋肉を均等に使うトレーニングを取り入れましょう。バランスが重要です。

締まりが早く実感できます。

3章では、少しレベルの高いトレーニングでより鍛えたいパーツを鍛え、二重あごや口角横のぽにょっとしたたるみなどのお悩みを解決する方法をお伝えします。鍛えるべき表情筋を重点的にトレーニングして、気になるお悩みによりアプローチしていきます。

ただし、やりすぎには注意。ここで紹介する全てのトレーニングは毎日やる必要はありません。効果的に表情筋を鍛えるには休息も必要です。

鏡を見て自分の顔と向き合いながら、「もう少し口角を上げたい」「ほうれい線を浅くしたい」など、お悩みや理想とする顔に合わせ、ポーズや回数を選択して自分の好きな顔をデザインしていきましょう。

3 リラックスを取り入れる

トレーニングの後には、顔全体をリラックスさせるために軽いマッサージやストレッチを行います。これにより、筋肉が硬くなるのを防ぎます。

4 過剰な力を入れない

トレーニング中に顔に過剰な力を入れると筋肉が硬くなり、ゴツゴツとした顔になってしまいます。自然でスムーズな動きを心がけましょう。

5 鏡を見て正しい動きを維持する

トレーニングは、必ず鏡を見ながら行います。自分の表情が偏っていないか、力が入りすぎていないか確認しながら行うことで、効果的かつ安全に鍛えることができます。シワがムダに入ると、力を入れすぎていることに気づけます。

さあ、次のページから
実践です！

二重あご解消

2セット

舌出しロングネックストレッチ

二重あごや首のシワ、たるみは老け見えの原因に。
舌や首の筋肉は意外と若い人でも衰えているので、しっかり鍛えていきましょう。

(期 待 で き る 効 果)

- 二重あご解消
- 首のシワやむくみ改善

1 鎖骨の上のくぼみに指を入れ天井を見る

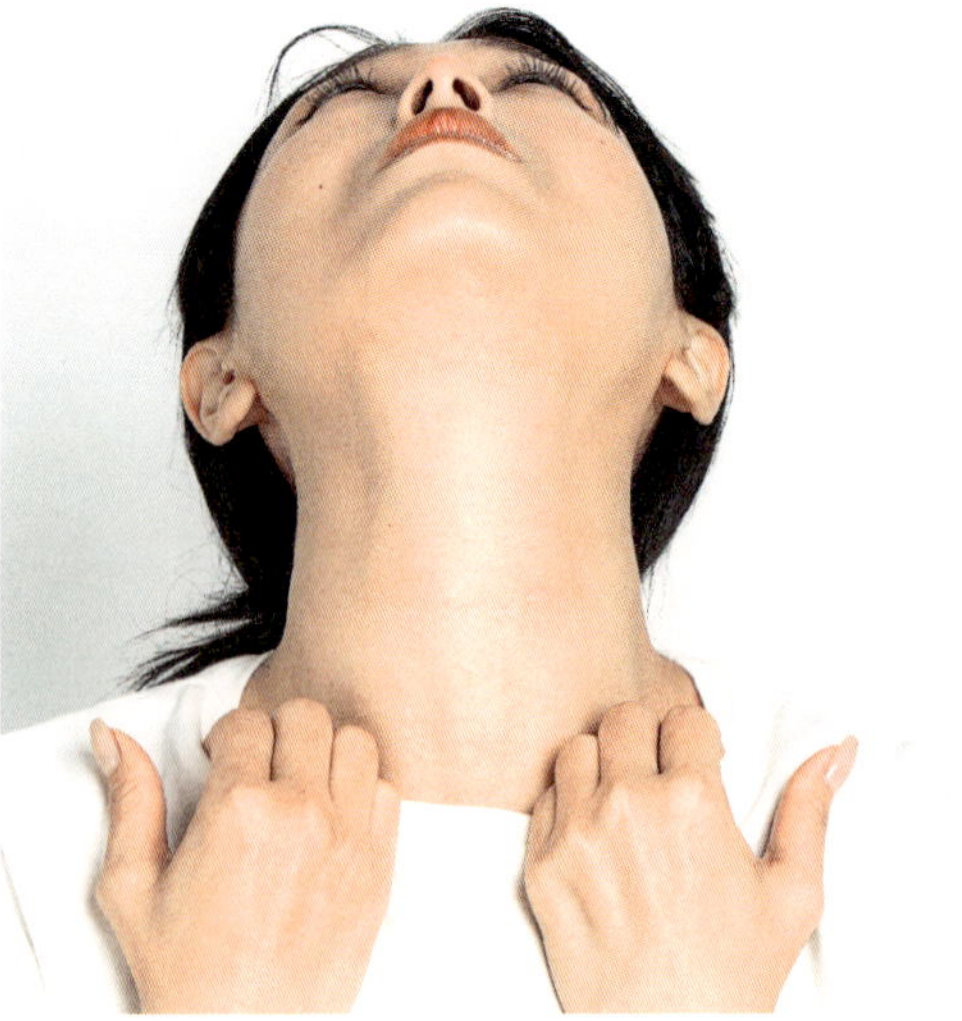

鎖骨の上のくぼみに指を入れ、首を伸ばして顔ごと天井に向けます。あごを意識して！

2 口を開けて舌を真上に突き出す

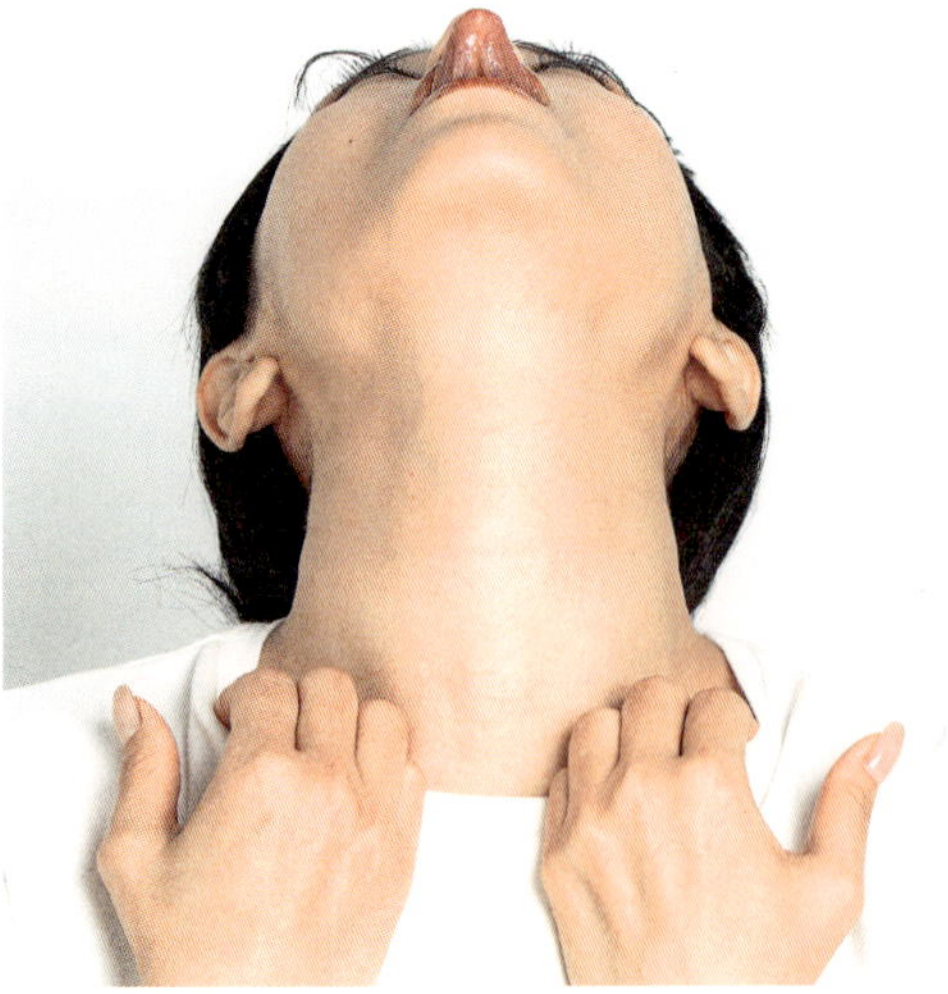

天井を向いたまま口をぽかんと開けます。舌に力を入れて硬く尖らせて真上に突き出し、出し入れを5回くり返します。

この筋肉を意識しよう

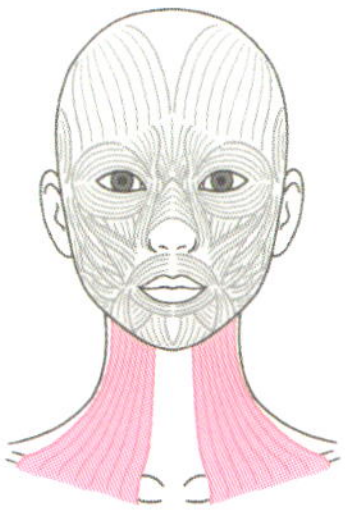

広頸筋

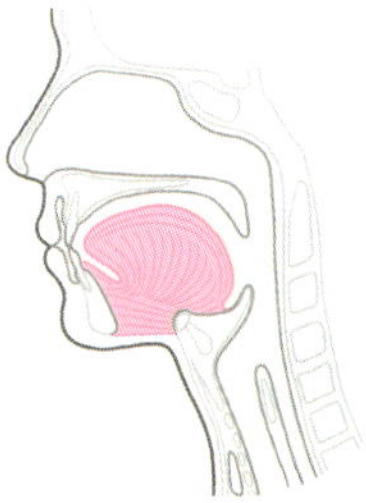

舌筋

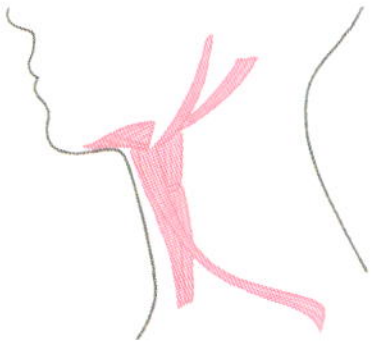

舌骨筋群《ぜっこつきんぐん》(上下)

3 あごを斜めに向け舌を出す

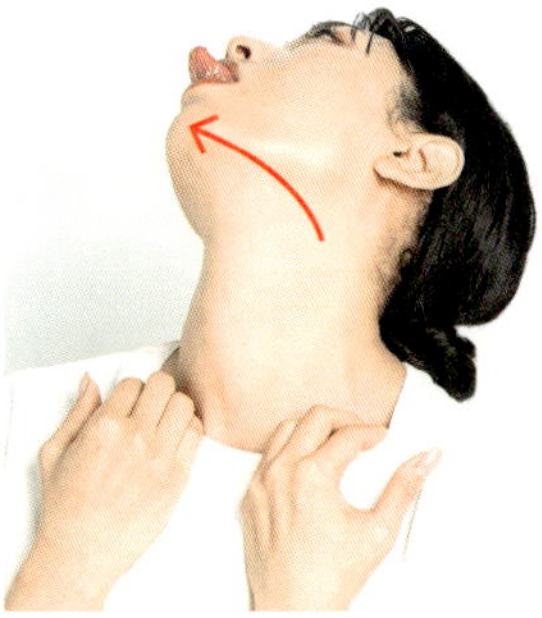

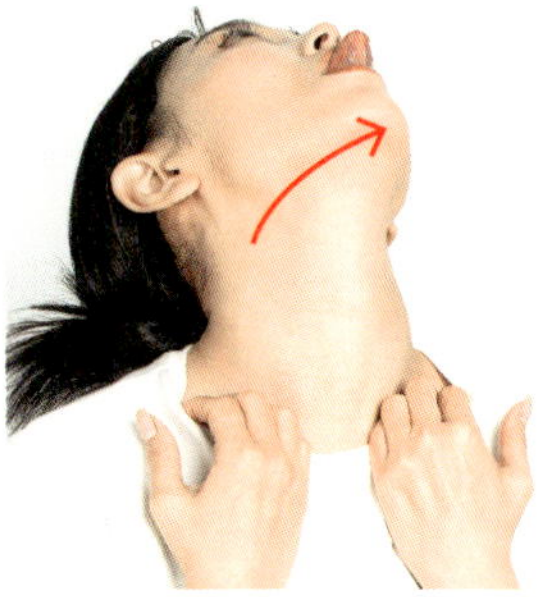

あごを右上に向けて同じように舌を突き出します。これを左右5回ずつくり返します。1〜3を2セット行います。

これはNG!

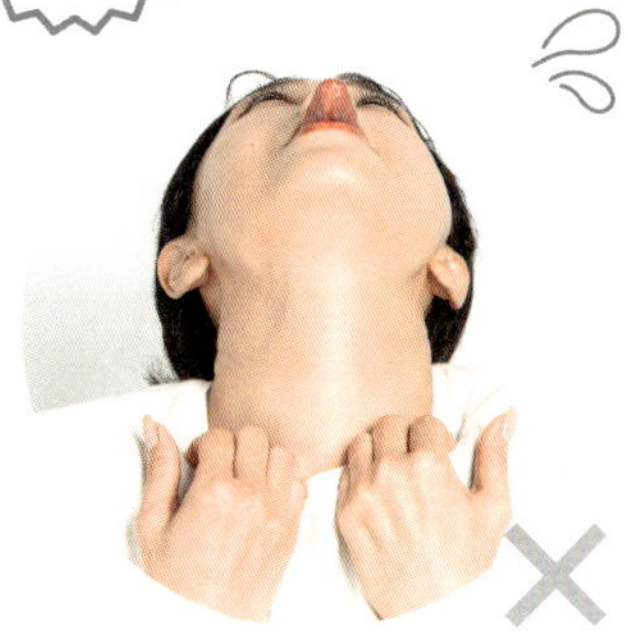

首と肩に力が入りすぎている

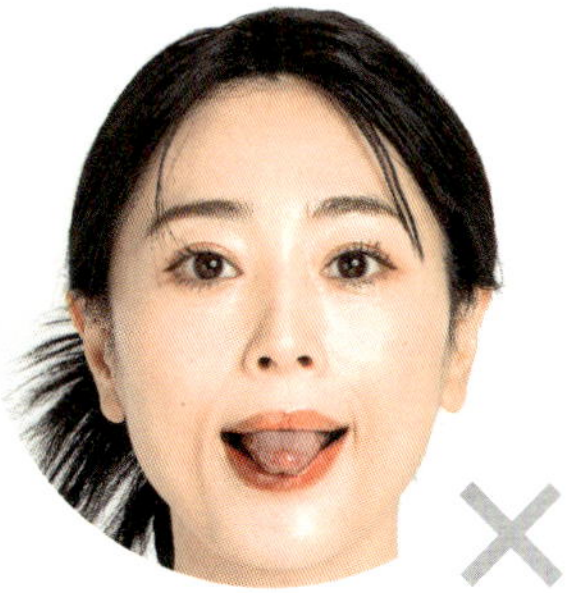

口角横に力が入りすぎている

ONE POINT ADVICE

ワンポイントアドバイス

舌は斜め上ではなく真上を意識

3で顔を斜め上に向けるとき、舌は斜め上ではなく真上を意識します。視界の先に舌が見えていればOK!

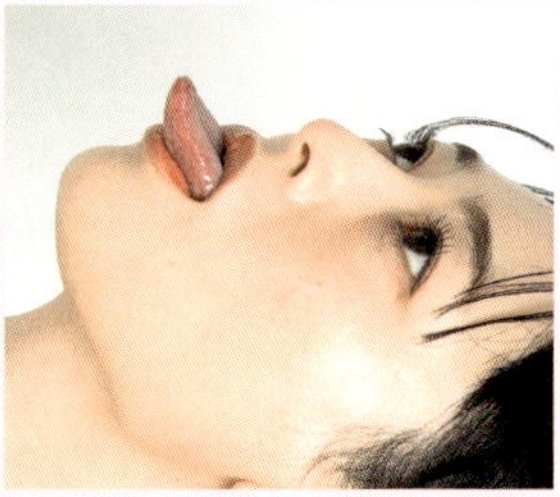

口角アップ

2セット

カメレオンスマイル

口角をキュッと上げたい人にぜひ行ってほしいトレーニング。
丸くて可愛らしい頬が目指せます。

(期待できる効果)

- 口角が上がる
- ほうれい線・頬のたるみ解消
- フェイスライン、二重あご改善

1 小指を添えて脱力する

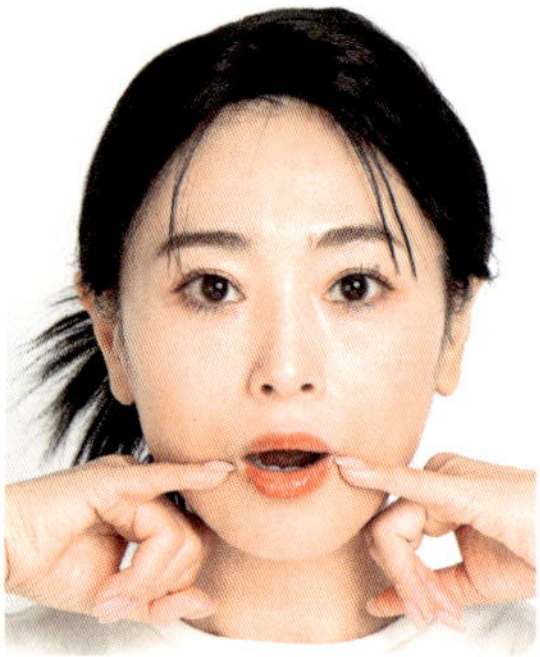

口角の下あたりに小指を添え、口元の力を抜きます。

2 小指で頬を支えながら「え」のポーズ

口角下から口角横を通って、頬の下でストップ。小指で頬をすくい上げるイメージで。

3 舌をまっすぐ突き出す

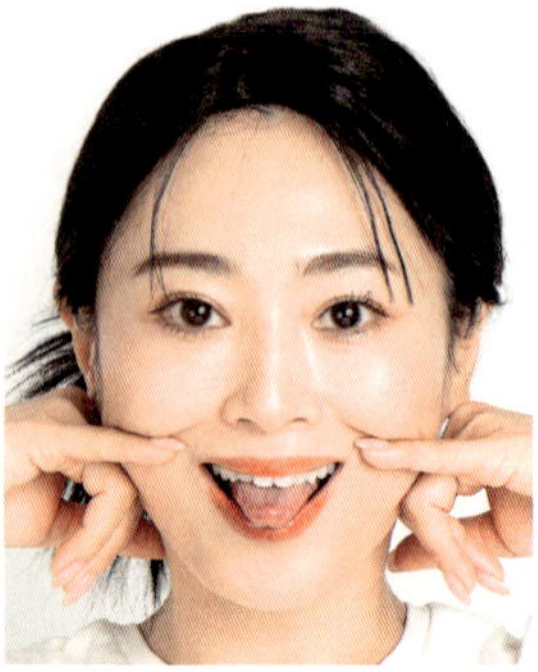

舌に力を入れて細長くし、正面に向かって突き出し10秒キープします。1〜3を2セット行います。

この筋肉を意識しよう

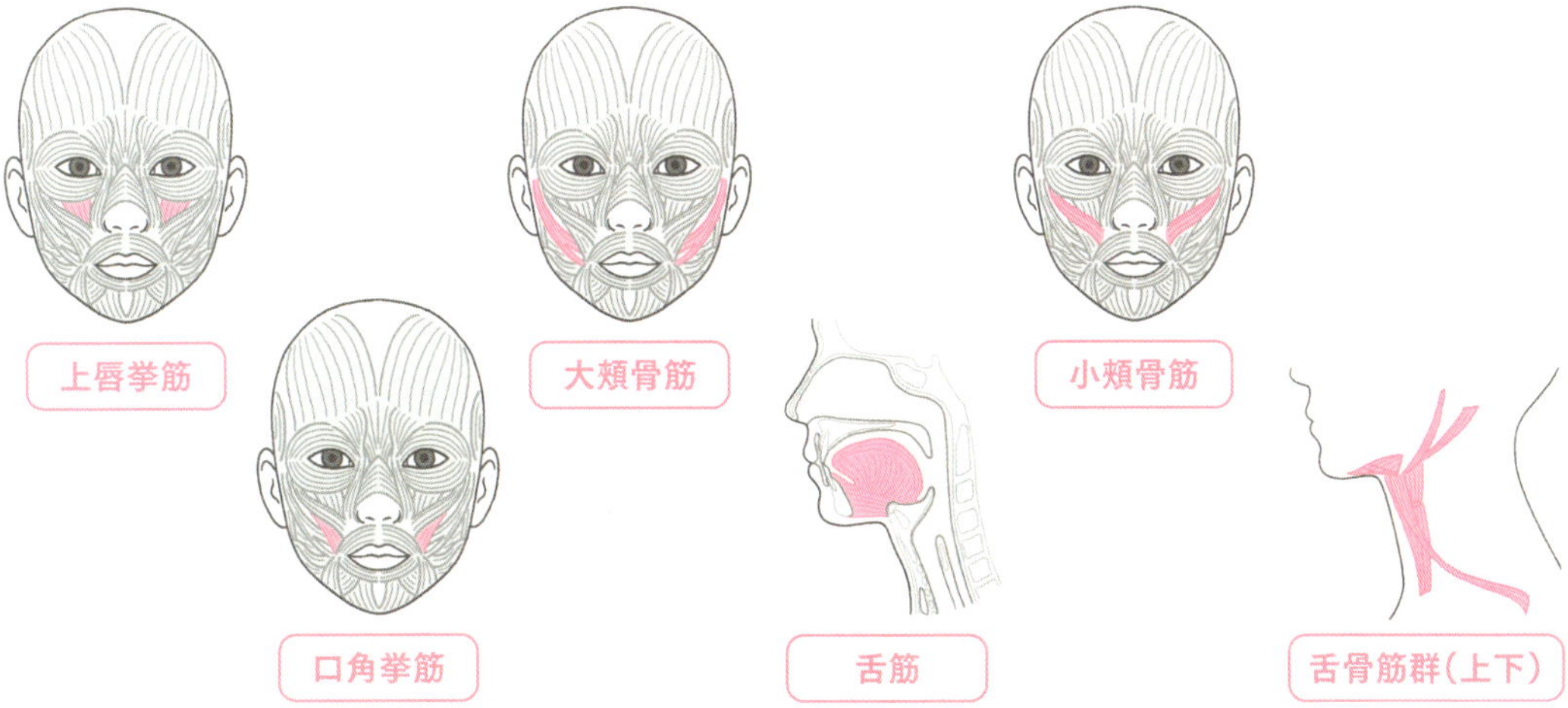

ONE POINT ADVICE

ワンポイントアドバイス

舌を出すほど負荷がかかる

負荷をかけたい場合は、さらにグッと舌を前方に出して。ポーズがしっかりとれれば指の補助はなくても構いません。

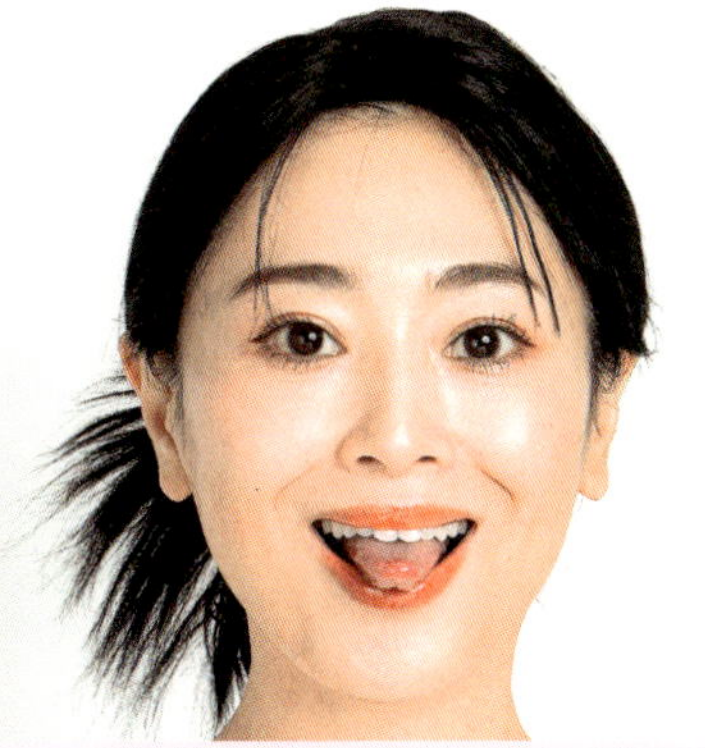

これはNG!

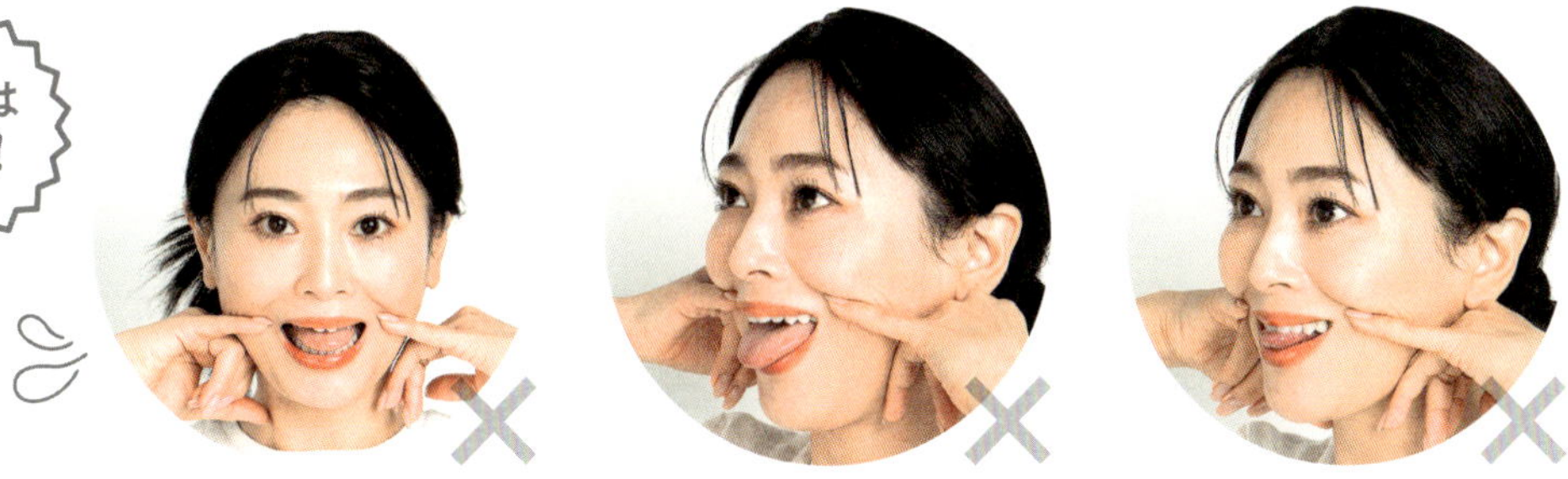

下の歯が見えている　舌に力が入っていない　下唇に舌が触れている

立体感アップ

2セット

「あ」のポーズ

「え」のポーズより負荷がかかり、顔に立体感が生まれるトレーニングです。
基本の脱力スマイル（P40）や「え」のポーズ（P58）で
表情グセを抜くコツをつかんでから行いましょう。

（ 期待できる効果 ）

- ほうれい線解消
- 顔の立体感アップ
- 面長解消
- 頬の弾力アップ

1 指2本分の隙間を空ける

脱力してぽかーんと口を開け、人差し指と中指を入れます。鼻の下や唇に力が入らないように気をつけて！

2 頬を斜め45度に上げてキープ

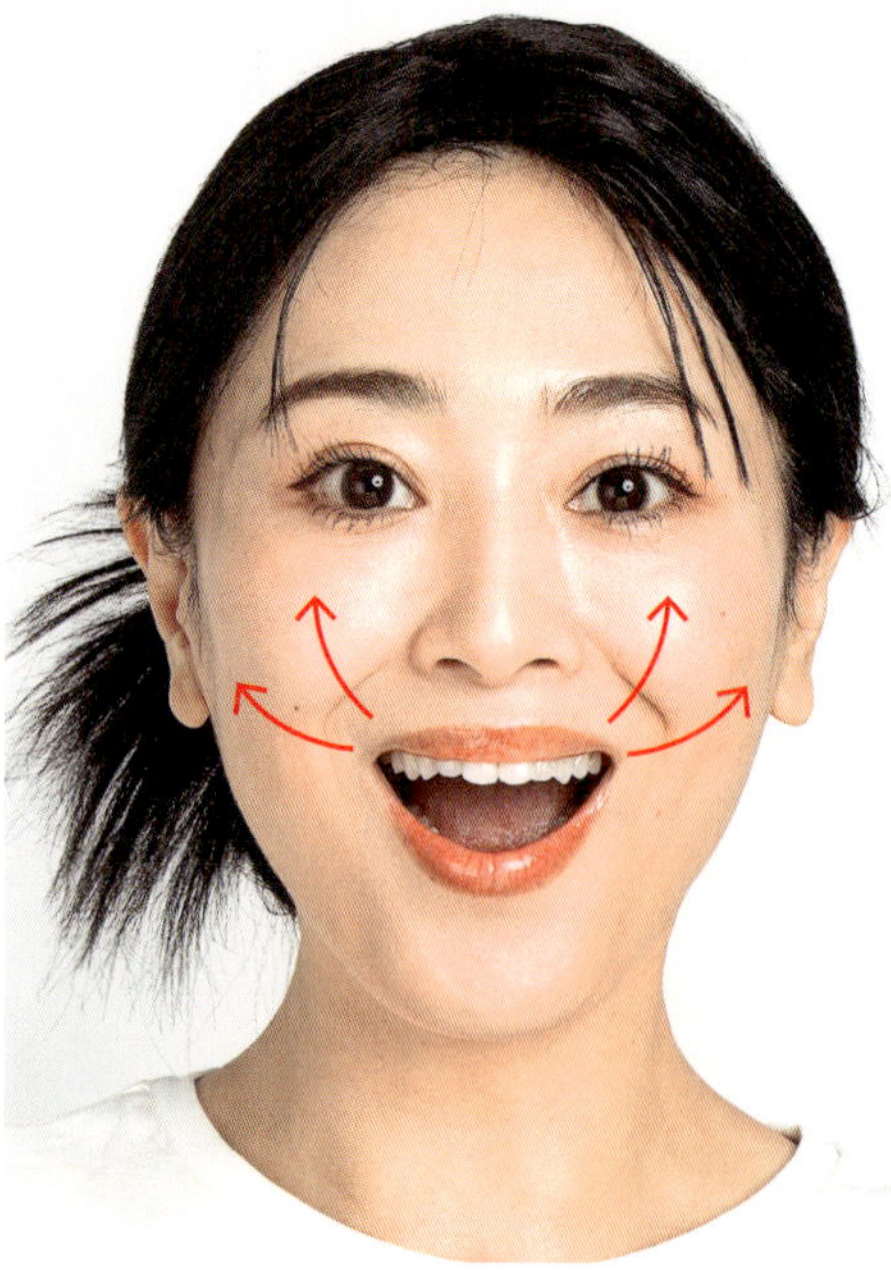

犬歯の上から斜め45度に頬を持ち上げ、指を引き抜いて10秒キープ。口の形が逆三角形になっているか確認してください。1〜2を2セット行います。

ONE POINT ADVICE

ワンポイントアドバイス

手でサポートしてOK！

キープしているうちに口が閉じてきてしまう場合は、手を使ってあごを固定してみて。「え」のポーズから始めても○。

指を添えてあごの力を抜く

あごに力が入ってしまう人は、2のあとに軽くあごに指を添えると力が抜きやすくなります。

これはNG！

目の下に力が入りすぎている

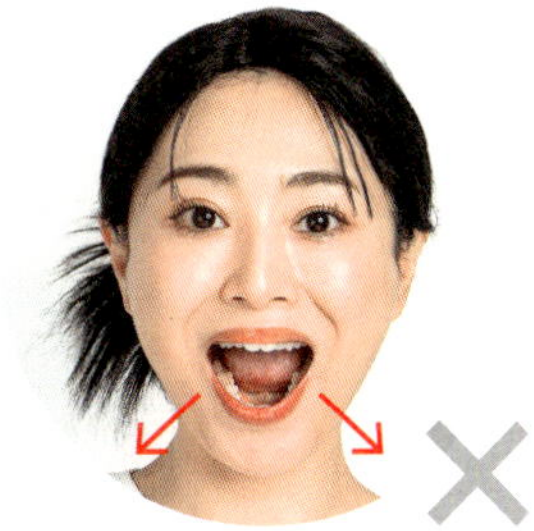

下の歯が見えている

頬ではなくあごごと上がってしまう

この筋肉を意識しよう

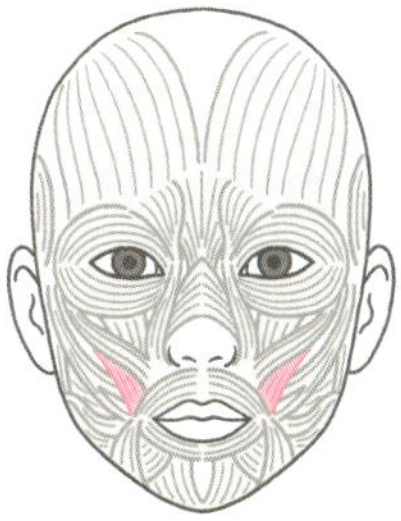

口角挙筋

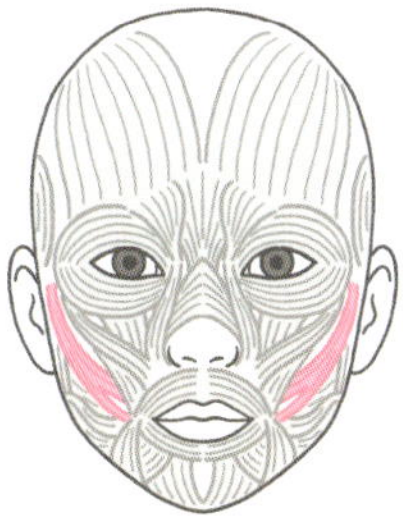

大頬骨筋

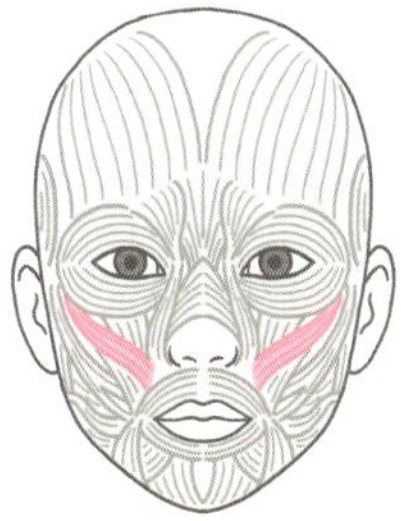

小頬骨筋

口角横のたるみ

2セット

フィッシュマウス

大頬骨筋と小頬骨筋に特化した「あ」のポーズ（P84）は、骨格によっては頬が外側に出っ張りすぎることが。頬の内側の上唇挙筋も鍛えることで、女性らしい丸みのある頬になります。

（ 期待できる効果 ）

- **口元のたるみ、マリオネットライン解消**
- **ほうれい線解消**
- **丸みのある頬**

1 上唇と下唇で人差し指を巻き込む

口を小さく開けて人差し指を入れ、巻き込むように唇に力を入れます。

2 手で支え頬に力を入れる

シワが入らないように唇を巻き込んだまま「え」のポーズを作り、上唇挙筋に向かって縦ラインに力を入れていきます。

この筋肉を意識しよう

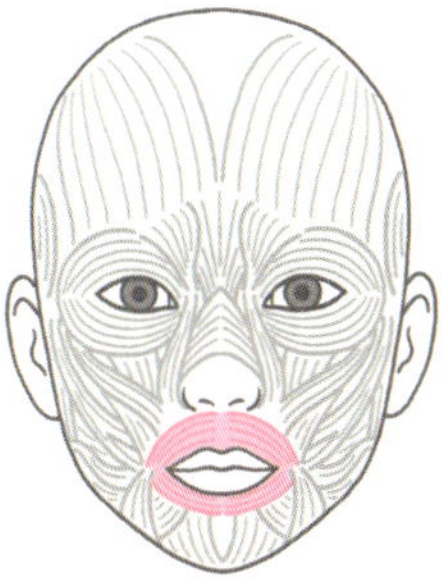

口輪筋

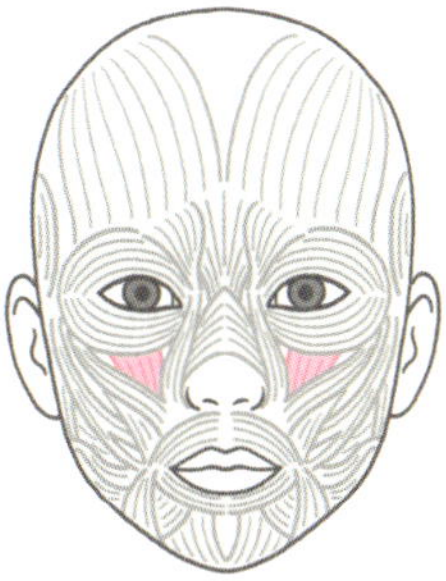

上唇挙筋

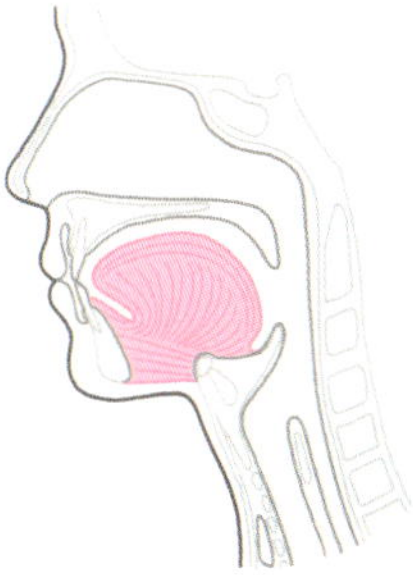

舌筋

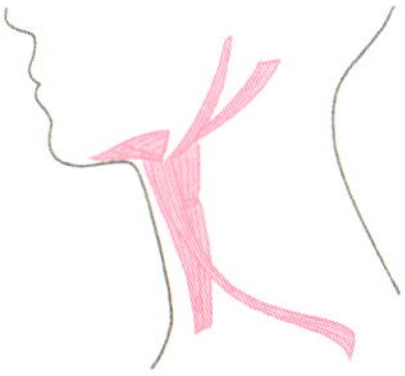

舌骨筋群（上下）

3 舌を前に突き出す

上下の唇を巻き込んだまま舌を前に突き出し、5回出し入れします。1～3を2セット行います。

これはNG!

あごが出ている

ONE POINT ADVICE

ワンポイントアドバイス

力を入れるのは頬の内側

口まわりや目尻にシワが入らないように注意しましょう。

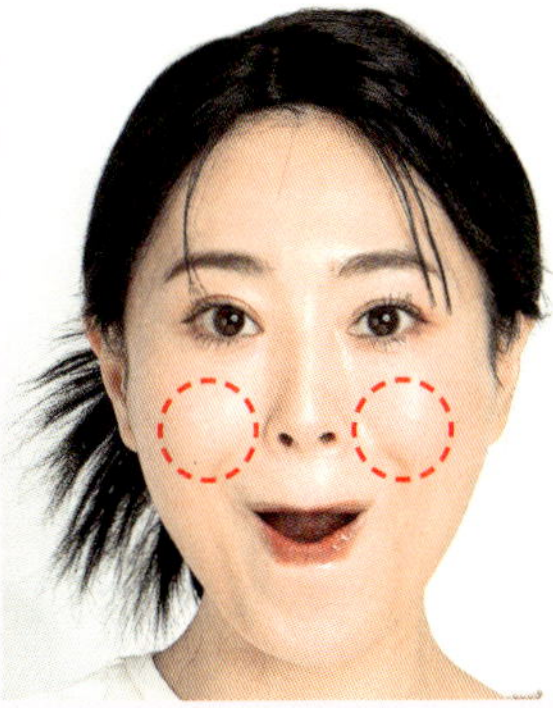

2セット

ダックマウス

口角横のもたつきが気になる方におすすめのトレーニング。
口角横にシワが入っていないか、注意しながら行ってください。

（ 期待できる効果 ）

- **口角横のたるみ解消**

1 アヒル口を作る

口をすぼめて中心に力を入れたまま、口角を上げてアヒル口を作ります。

2 口角横に指を添える

口角横やあごにシワが入らないよう指で軽く押さえます。

3

口を開け閉めする

アヒル口のまま唇を突き出し、10回開け閉めします。1〜3を2セット行います。

— この筋肉を意識しよう —

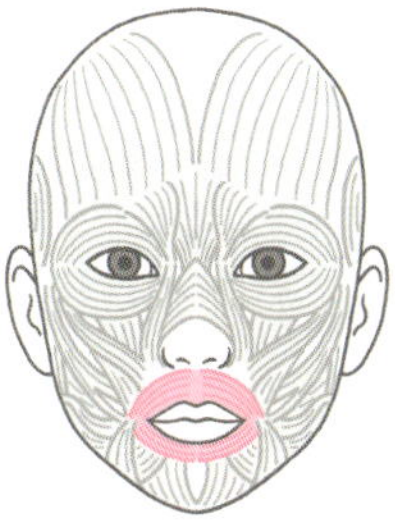

口輪筋

ONE POINT ADVICE

ワンポイントアドバイス

指で挟むと力を入れやすい

唇の力が抜けやすい人は、人差し指と中指で唇を挟んで行うと力が抜けにくくなります。

これは NG!

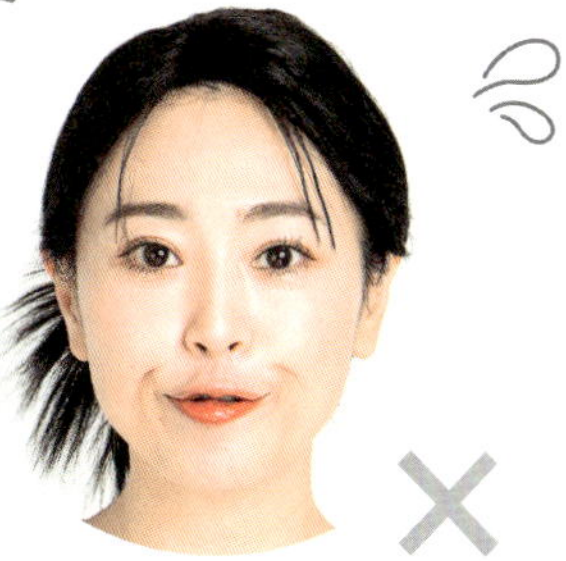

口角横にシワが入っている

2セット

ふぐベイビーポーズ

口のまわりに適度に筋肉をつけて肌に弾力を持たせると、
シワができづらくなります。上級者向けのポーズですが、効果は抜群です。

（ 期待できる効果 ）

- 口元のたるみ解消
- マリオネットライン解消
- 口角横のシワ、ほうれい線解消

1 口の中に空気を入れふくらませる

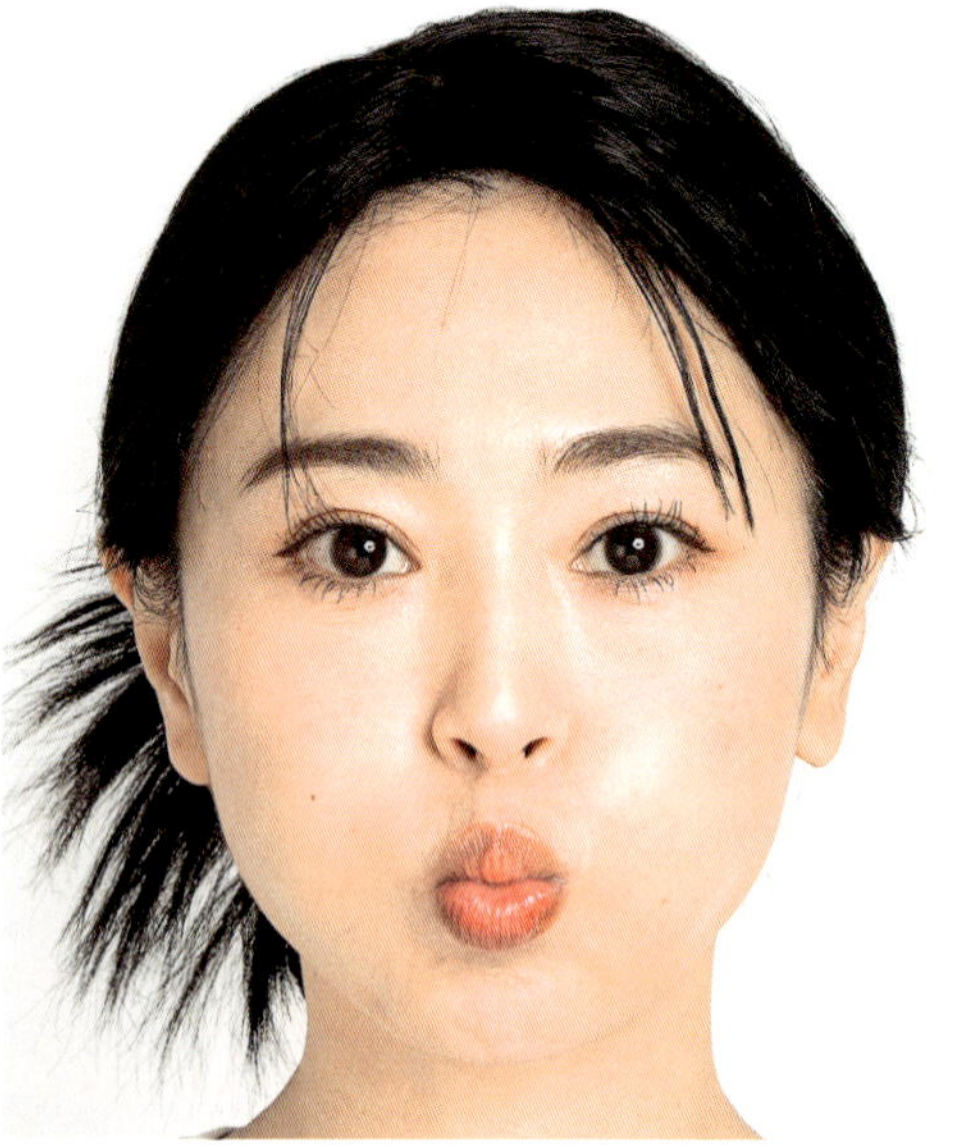

内側から空気圧を感じるところまで顔をふくらませ、口輪筋を使ってしっかり口を閉じます。

2 一直線に唇をしまい込む

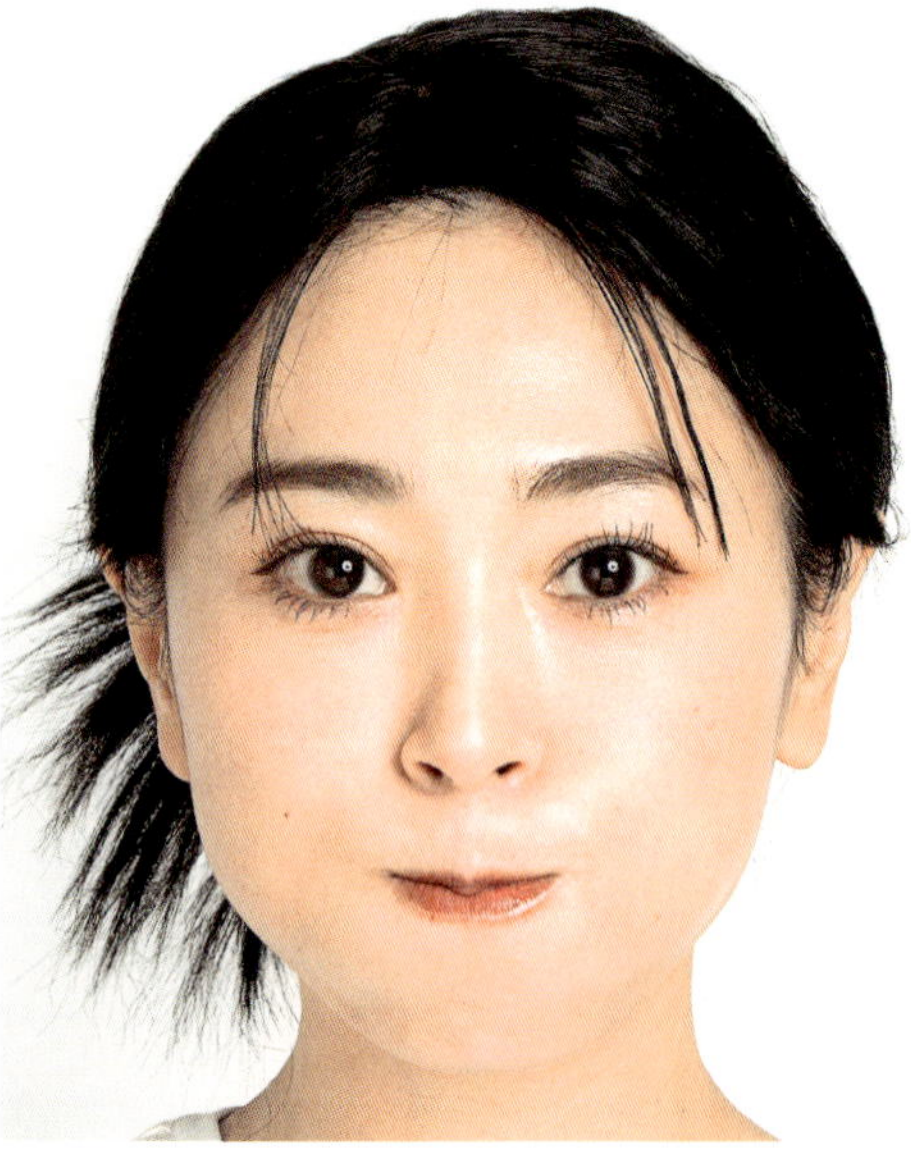

一直線になるように唇を口の中に巻き込み、あごは脱力し、空気が漏れないように口まわりのみに力を入れて10秒キープ。口角は少し上がっていてOK。1〜2を2セット行います。

ONE POINT ADVICE

ワンポイントアドバイス

空気が漏れないよう指で押さえてOK

口輪筋が弱くしっかり閉じられない場合は、指でサポートすると空気が漏れません。

この筋肉を意識しよう

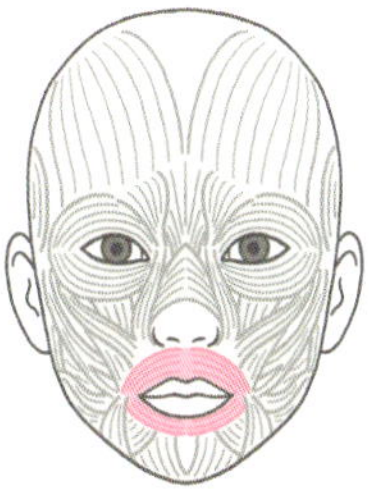

口輪筋

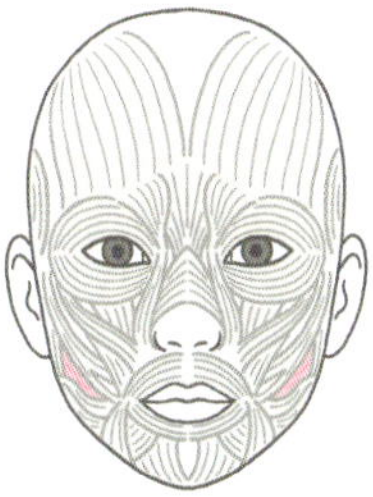

頬筋

これはNG!

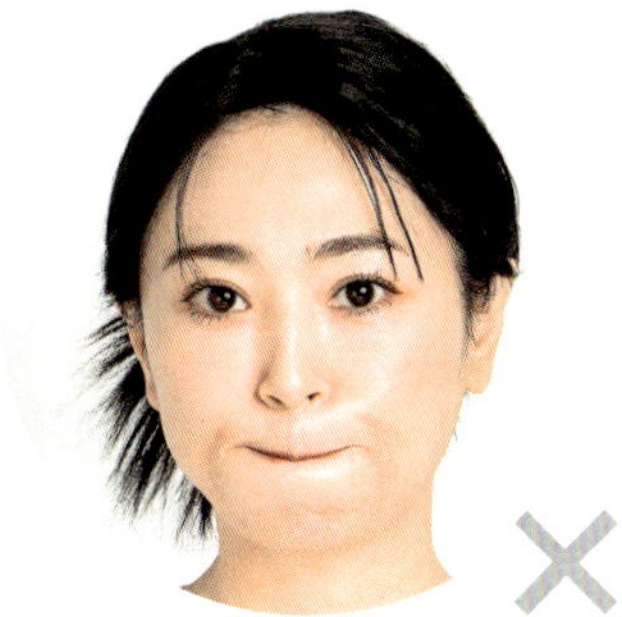

口角が下がっている

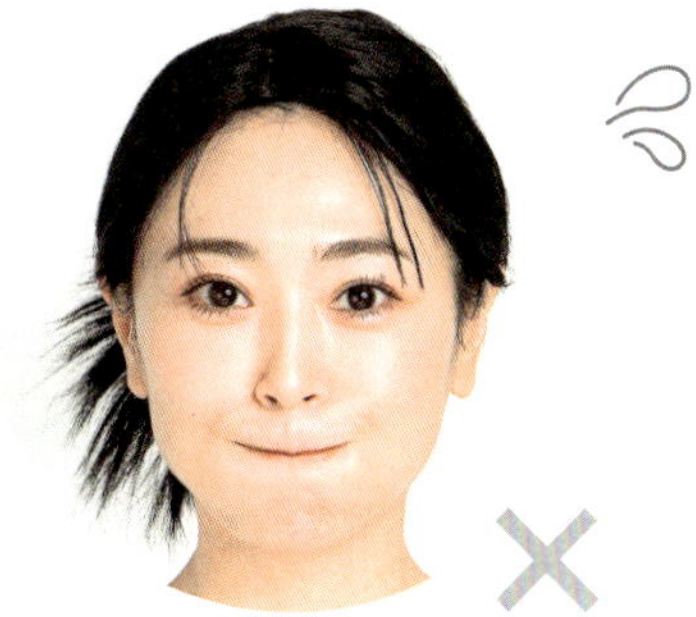

口角を引きすぎている

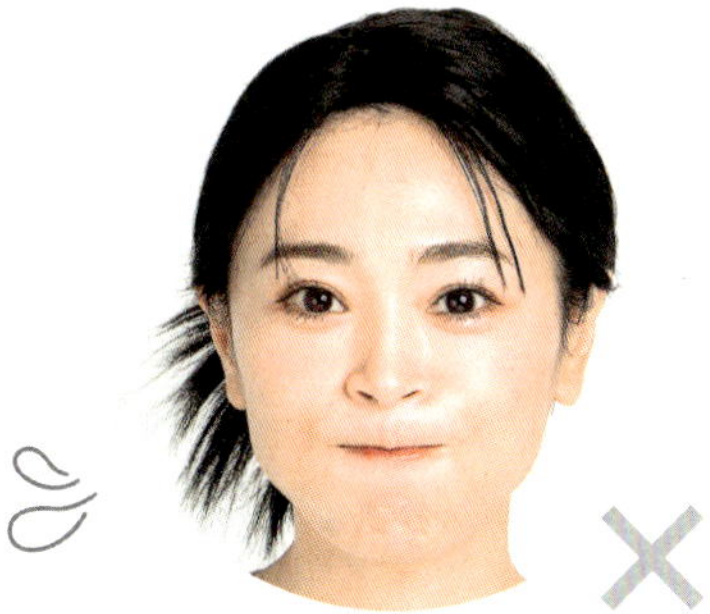

鼻下にも空気が入っている

口元のたるみ

2セット

「う」の左右運動

口元や頬の下など、顔の下半分を引き締める上級者向けのトレーニングです。
頬を締めすぎず、上唇と下唇を同じ力で左右に動かすことがポイント!

（ 期待できる効果 ）

- 口元のたるみ解消
- マリオネットライン解消
- 口角横のシワ、ほうれい線解消
- 首のシワ予防

1

「う」の口を作る

オトガイ筋（下あごの中心部分の筋肉）に力を入れないように気をつけながら「う」の口を作ります。

⇓

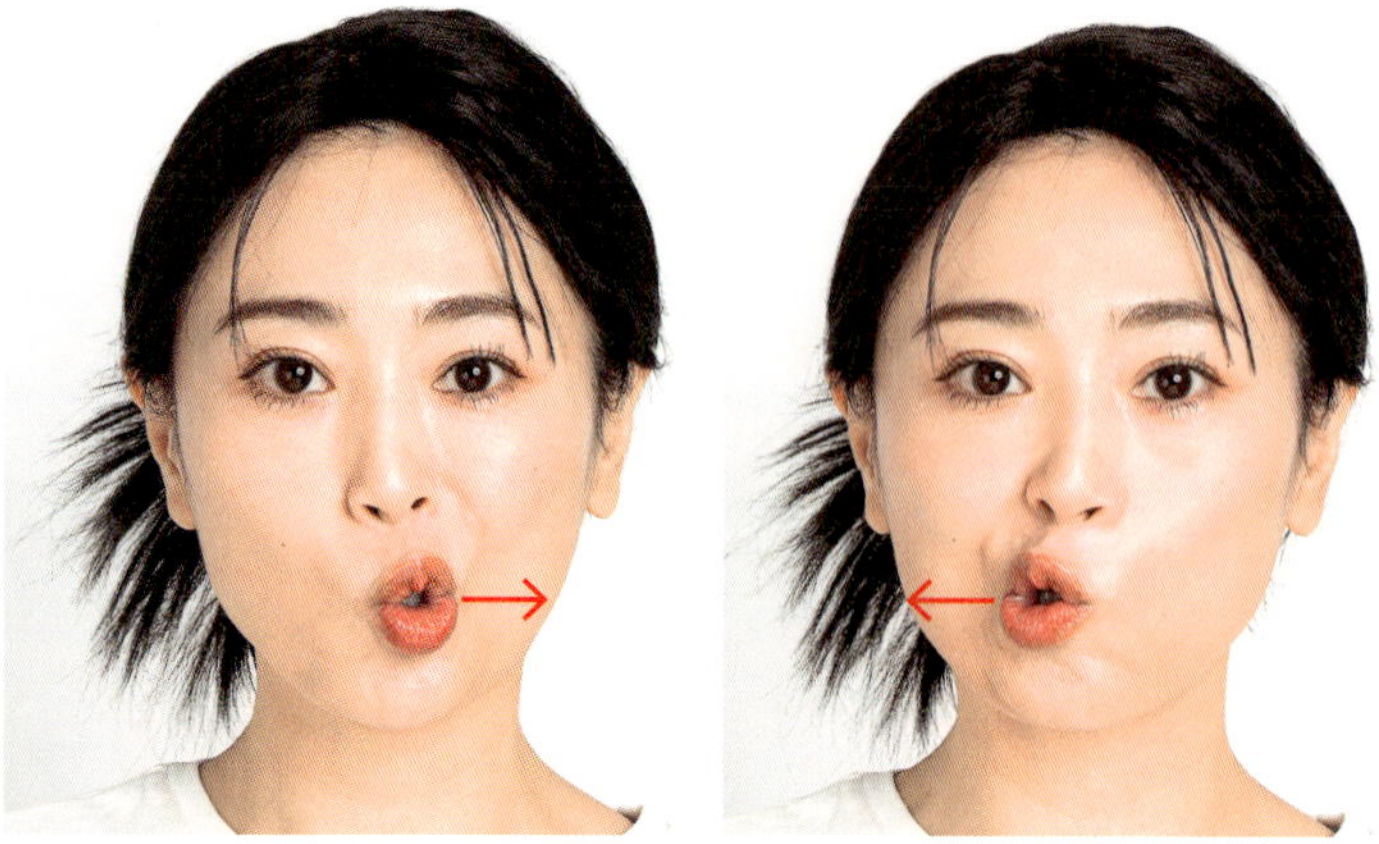

2

「う」の口を左右に動かす

上唇と下唇に同じ力をかけることを意識しながら左右に5往復動かします。頬やあごにシワが入らないように注意！
1～2を2セット行います。

この筋肉を意識しよう

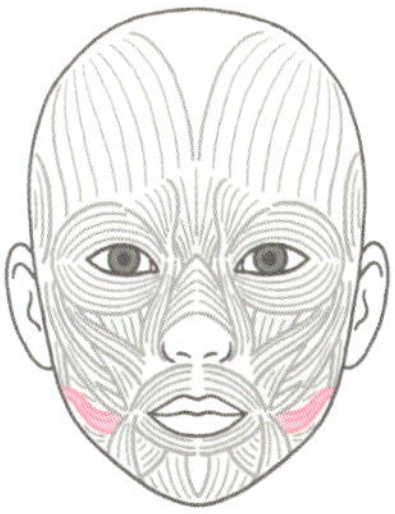

笑筋

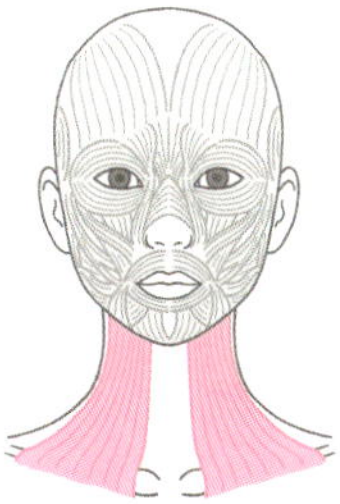

広頸筋

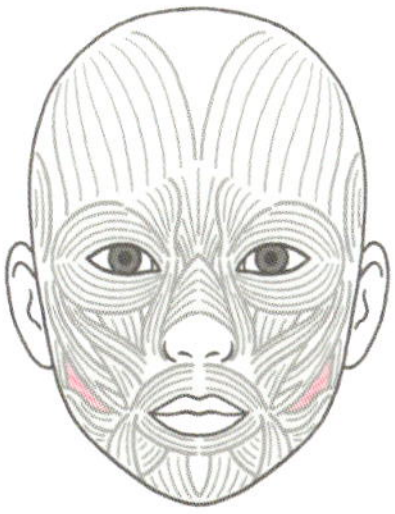

頬筋

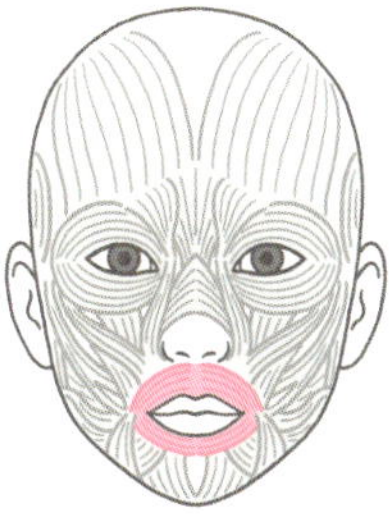

口輪筋

これは NG!

あごごと動いてあごに
シワが入っている

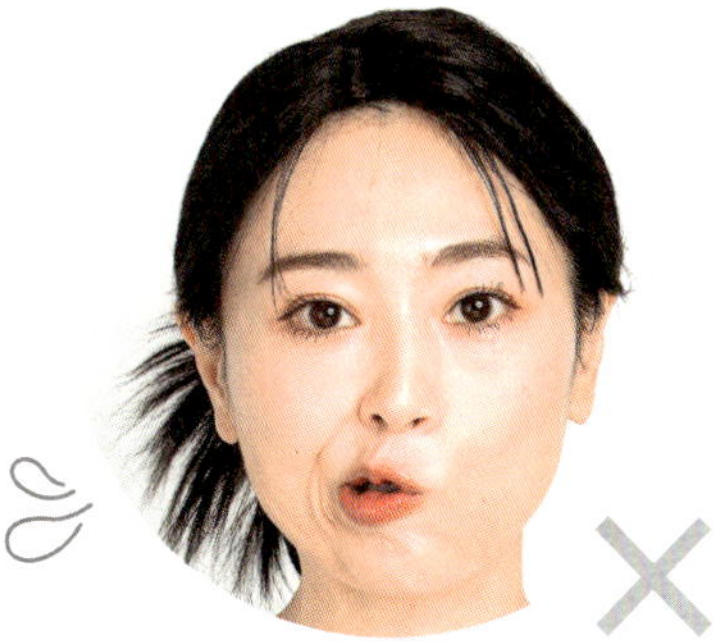

下唇だけ動いて口の形が
崩れ、シワが寄っている

ONE POINT ADVICE

ワンポイントアドバイス

上唇を指でサポート

上唇が動かない人は、指でサポートしてOKです。

2セット

目元ウインク

目元のむくみやたるみ、シワがあると老け見え度アップ。
眼輪筋を鍛えて、若々しい目元を取り戻しましょう。

（ 期待できる効果 ）

- 目元のむくみ解消
- クマ・涙袋・目の下のたるみ解消
- 目尻のシワ改善

1 目尻に指をおき優しく横に引く

強く引っ張りすぎないように注意。頬も動きやすいため手のひら全体で押さえます。

2 片目ずつ目をつぶる

左右交互に10回ずつウインクします。上まぶたを閉じるのではなく、下まぶたを上げて閉じるイメージで。

3 圧を感じながら両目を閉じる

— この筋肉を意識しよう —

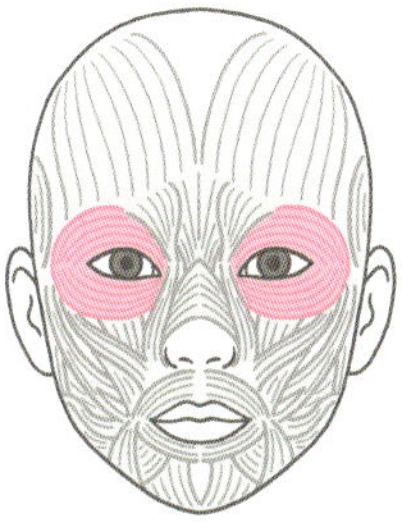

眼輪筋・上眼瞼挙筋

上眼瞼挙筋に圧を感じながら両目を5回閉じます。
1〜3を2セット行います。

これは NG!

目尻が引っ張れていなくて
目頭にシワが入っている

口角が動いている

ONE POINT ADVICE

ワンポイントアドバイス

口を「う」にしながらでもOK

口角が動きすぎてしまう場合は、口を「う」にすると正しいポーズがとりやすくなります。

眉上の盛り上がり解消

2セット

上まぶたストレッチ

眉上のポコッとした盛り上がりや、まぶたのくぼみが気になる人のためのストレッチ。
眼精疲労にもおすすめです。

（期待できる効果）

- 上まぶたのくぼみ解消
- 眉付近の凝り解消

1 眉毛をつまむ

人差し指と親指で眉毛をつまみます。

2 目線を下に向ける

顔は正面のまま、目線だけを下に向けて10秒キープ。1〜2を2セット行います。

ONE POINT ADVICE

ワンポイントアドバイス

おへそを見るイメージで

目線だけを下に向けるのが難しければ、おへそを見るようにするとやりやすいです。

これは NG!

顔ごと下を向いている

この筋肉を意識しよう

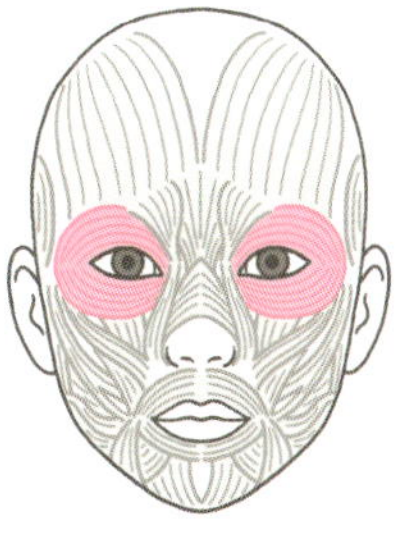

眼輪筋・上眼瞼挙筋

正しい姿勢で トレーニング効果が大幅アップ！

顔と体はつながっているので、顔の悩みが実は姿勢の影響を受けているという場合もあります。

たとえば、あごを突き出す姿勢は顔の歪みが強調される可能性がありますし、肩や首が傾いた姿勢は顔の非対称や歪みの原因にも。ストレートネックは首元からフェイスラインのたるみにつながります。

また、肩に力が入った姿勢だと、血流やリンパの流れが悪くなり、せっかくトレーニングをしても表情筋に十分な効果が得られません。

トレーニングの効果を最大限得るためには、体全体を正しい姿勢にして行うことが大切です。背筋を伸ばし、肩の力を抜く姿勢を意識しましょう。

姿勢を正すことで血流やリンパの流れがよくなり、むくみや老廃物の排出の改善にも。首や肩の緊張も取れ、表情筋の動きがスムーズに連動します。また、正しい姿勢でトレーニングすることで、顔の歪みや偏りが予防できます。

姿勢のクセからくる顔への影響があることを頭に入れつつ、姿勢を整えてトレーニングをしてくださいね。

CHAPTER 4

LOW
INTENSITY
TRAINING

なんと鍛えすぎると
かえって老けるんです!!

あえて鍛えすぎない
ゆるトレ

＼ 鍛えすぎると、かえって老ける!? ／

リラックスとトレーニングのバランスが大切

一生懸命
表情筋を鍛えすぎて
ゴツゴツしていたとき

BEFORE

トレーニングの
強度をゆるめたら
やわらかい顔に！

AFTER

表情筋のトレーニングは、筋肉を強化するだけでなく、リラックスさせることも重要です。トレーニング後は顔全体の力を抜き、自然な表情を作りましょう。そうすることで、筋肉が過剰に緊張するのを防ぎます。

また、**表情筋は、過剰に鍛えすぎると不自然な見た目やシワ、筋肉の硬化につながる可能性があるので注意が必要です。**やりすぎてしまうと美の感覚を失ってしまいます。

ある程度鍛えて筋肉がついてきたら、トレーニングの強度を落としていきましょう。4章では、顔や骨格に合わせた筋肉をキープするためのゆるトレーニングをご紹介します。理想の表情を保てるよう、鏡を見ながら回数を調節してみてください。

適度な頻度と強さのトレーニングを心がけ、リラックスやバランスを意識することで、より自然で美しい表情が手に入ります。

鍛えすぎて
頬骨が高く
なってしまった
人は…

「え」と「あ」のポーズを基本の脱力スマイルに変える

トレーニングによって頬にある程度筋肉がついてきたら、「え」と「あ」のポーズは控えて、基本の脱力スマイル(P40)を中心に行いましょう。使う筋肉は同じですが、「え」と「あ」のポーズのほうが強度が高いので、脱力スマイルでゆるめることを意識したほうがバランスのいい顔になります。もちろん元々骨格的に頬骨が高かった方にも有効です！

基本の脱力スマイル

回数や頻度を気にせずくり返してOK!

「え」のポーズ

「あ」のポーズ

やりすぎたり、頬に圧をかけすぎたりすると
頬が硬くなってしまう

鍛えすぎて
鼻下がポコッと
してきたら…

「ほ」のポーズの応用編で口輪筋をゆるトレ

「う」のポーズ（P49）や「ほ」のポーズ（P56）などは、口輪筋を鍛えるのに有効ですが、やりすぎると鼻の下が凝ってポコッと盛り上がってきてしまうことがあります。「う」のポーズや「ほ」のポーズほど強度が高くなく、ほどよい負荷がかけられる「ほ」のポーズの応用編で、バランスを見ながら適度にトレーニングをするといいでしょう。

「ほ」のポーズの応用編

1 口を小さく開ける

「ほ」と言うように、小さい穴をイメージしながら口を開きます。「う」のポーズほど口のまわりに力は入れません。

2 唇を少し開く

1の口の形のまま、唇を少し開いて縦長に穴を大きくします。口輪筋を使って小さく開ける、大きく開けるをくり返します。

鍛えすぎて
下まぶたが
硬くなり不自然に
なってきたら…

指でサポートせず 下まぶたを上げるだけでいい

涙袋がぷっくりしたり、目の下のたるみを解消する目元ピース（P62）ですが、やりすぎると下まぶたがポコッと盛り上がってしまいます。トレーニングを続けているうちはいいですが、やらなくなったときにしぼんでシワが目立ってしまうので、強度を落としてゆるく続けましょう。

サポートなしの下まぶたゆるトレ

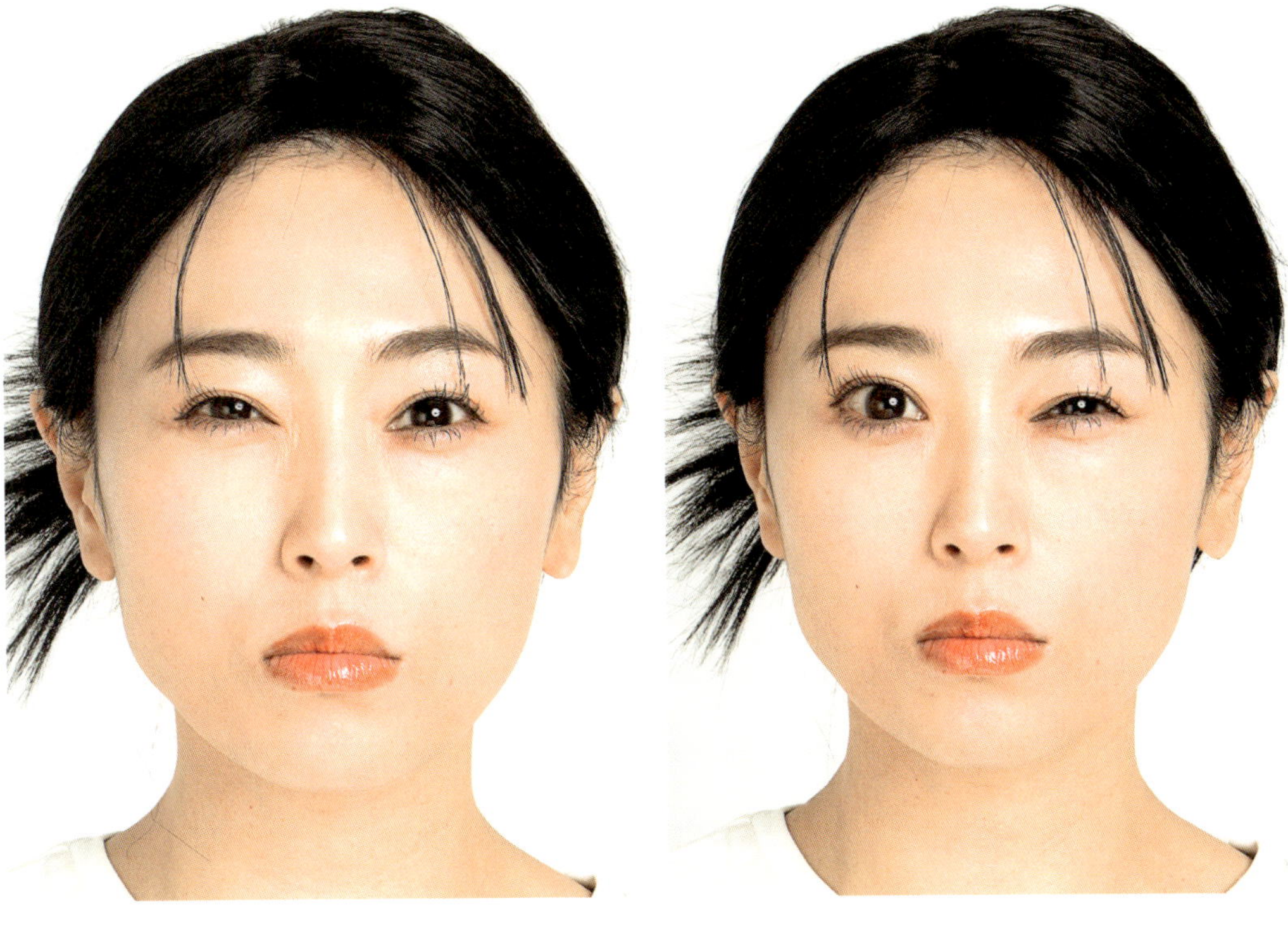

目元ピースでまぶたを引き上げやすいよう目元にあてていた指のサポートは外します。下まぶたの力だけで引き上げ、左右交互に行います。

写真写りが悪いから
写りたくない…

鏡がないと
表情が作れない！

カメラを向けられて
パッとポーズが
とれない

一瞬で最高の笑顔を作る方法

目力が強すぎて
ちょっと怖い…

口角横に縦ジワが入って
下の歯も丸見え

顔に力が入りすぎて
目元がシワシワ

トレーニングを続けてある程度筋肉がついてくると、鏡を見れば正しいポーズがとれるようになります。ただ、**多くの人は表情グセが完全に抜けて、理想の笑顔が習慣になるまでは時間がかかるでしょう。**

自分の顔と向き合っていると、より細かい部分が気になってくると思います。とっさに撮られた写真を見て、「まだこんなに表情グセがある！」と落ち込んでしまうこともあるかもしれません。

そんな表情グセを抜いている途中のあなたのために、タイプ別に一瞬で最高の笑顔を作る方法をお伝えします。その場でパッとできるものばかりなので、手元に鏡がなくてもできますし、カメラを向けられてからでも間に合います！

写真を撮る機会が増えている今の時代だからこそ、ちょっとしたコツを覚えておけば役に立つはずです。ぜひ実践してみてくださいね。

急にカメラを
向けられたときでも
一瞬でこの笑顔に！

目立つ表情グセに合わせて
最適なやり方を
教えちゃいます！

表情グセタイプ 1

頬骨が目立たず受け口で
口角横に折りジワが入りやすい人

1 あごをゆるめる

あごに手をあて脱力します。

2 頬の中央に力を入れる

頬の中央に人差し指をあて、ふうっと息を吐きながら頬に力を入れると余計な力が抜けて口角が自然に上がります。

表情グセタイプ 2

頬骨が高めで ほうれい線の根元が目立つ人

1 舌を甘噛みする

舌の先を軽く噛んで脱力します。

2 笑顔を作って 舌を戻す

口角を上げてから舌を戻します。舌を甘噛みすることで余計な力が入らず、自然な笑顔が作れます。

表情グセタイプ③

鼻や口元に力が入りやすく
ガミースマイルが気になる人

1 鼻の下に指をおく

鼻の下に指をおいて脱力し、口角を上げます。

2 指を離す

脱力したまま指を離します。鼻や口元に余計な力が入らないので、ガミースマイルがやわらぎます。

表情グセタイプ 4

咬筋に力が入りやすく
左右の歪みがある人

1 指を下唇の中央におく

口を軽く開けて人差し指を下唇の中央におき、脱力します。こうすることで軸がとりやすくなります。

2 口角を上げる

口角を上げてから指を外します。

おわりに

私は、表情筋を「鍛えること」よりも「ゆるめること」に目を向けることで、自分の顔、心、体が本来の力を取り戻していくのを実感しました。その瞬間、「ムダな力を抜くことの大切さ」に気づき、この気づきをもっと多くの方に伝えたいという思いが生まれたのです。

この本では、「自分の素材を活かしながら、自分自身を変えていく」ためのプロセスをお伝えしました。見つめ直すことで、本来持っている魅力や力を再発見し、最高の自分と出会うことができます。それは、自分を認め、人生をもっと楽しく、自由に生きるための第一歩。

顔を整え、心を整え、人生そのものをデザインする。face grow methodなら、全て叶うはずです。

この本は多くのモニター様や家族の協力があって完成させることができました。いつも応援してくださるみなさまのおかげで、こうして思いを形にすることができました。うれしい気持ちでいっぱいです。

この本を手に取ってくださった読者のみなさま、そして、私の活動に注目してくださり、書籍を出版する機会をくださったＫＡＤＯＫＡＷＡのみなさまにも心より感謝申し上げます。

この本が、あなたの日常に新しい輝きをもたらし、笑顔が未来へとつながる幸せの連鎖を生み出すきっかけとなりますように。そして、史上最高の自分を更新しながら、キラキラと輝き続けるあなたであってほしいと願っています。

心からの感謝を込めて。

一般社団法人
face grow method協会 代表理事
佐藤加奈子

佐藤 加奈子

北海道・十勝出身。一般社団法人face grow method協会代表理事。SUGARCRANZ（ウィッグのwebショップ）合同会社代表。表情グセに特化したオリジナルメソッドを考案し、講師育成をメインに活動。現在全国に認定講師約160名在籍。17万人のフォロワー（2025年3月現在）を抱えるInstagramで、表情グセの抜き方や表情筋の使い方を発信している。全国で開催しているセミナーやイベントも人気。

Instagram　@ sugarcranz_beauty_health
オフィシャルHP　https://www.facegrowmethod.com/
（2025年3月現在）

7日間《なのかかん》で若返《わかがえ》る！
顔《がん》筋《きん》老《ふ》けグセリセット

2025年4月1日　初版発行

著者　佐藤《さとう》　加奈子《かなこ》
発行者　山下　直久
発行　株式会社KADOKAWA
102-8177　東京都千代田区富士見2-13-3
電話0570-002-301（ナビダイヤル）
印刷所　大日本印刷株式会社
製本所　大日本印刷株式会社

●お問い合わせ
https://www.kadokawa.co.jp/（「お問い合わせ」へお進みください）
※内容によっては、お答えできない場合があります。
※サポートは日本国内のみとさせていただきます。
※Japanese text only

定価はカバーに表示してあります。

ISBN 978-4-04-607474-4　C0077